實踐大學 數位出版合作系列

經濟學課程
時事議題案例研討

翁志強■編著

出版心語

近年來，全球數位出版蓄勢待發，美國從事數位出版的業者超過百家，亞洲數位出版的新勢力也正在起飛，諸如日本、中國大陸都方興未艾，而臺灣卻被視為數位出版的處女地，有極大的開發拓展空間。植基於此，本組自民國 93 年 9 月起，即醞釀規劃以數位出版模式，協助本校專任教師致力於學術出版，以激勵本校研究風氣，提昇教學品質及學術水準。

在規劃初期，調查得知秀威資訊科技股份有限公司是採行數位印刷模式並做數位少量隨需出版〔POD＝Print On Demand〕(含編印銷售發行)的科技公司，亦為中華民國政府出版品正式授權的 POD 數位處理中心，尤其該公司可提供「免費學術出版」形式，相當符合本組推展數位出版的立意。隨即與秀威公司密集接洽，雙方就數位出版服務要點、數位出版申請作業流程、出版發行合約書以及出版合作備忘錄等相關事宜逐一審慎研擬，歷時 9 個月，至民國 94 年 6 月始告順利簽核公布。

執行迄今，承蒙本校謝董事長孟雄、陳校長振貴、黃教務長博怡、藍教授秀璋以及秀威公司宋總經理政坤等多位長官給予本組全力的支持與指導，本校諸多教師亦身體力行，主動提供學術專著委由本組協助數位出版，數量逾 50 本，在此一併致上最誠摯的謝意。諸般溫馨滿溢，將是挹注本組持續推展數位出版的最大動力。

本出版團隊由葉立誠組長、王雯珊老師以及秀威公司出版部編輯群為組合，以極其有限的人力，充分發揮高效能的團隊精神，合作無間，各司統籌策劃、協商研擬、視覺設計等職掌，在精益求精的前提下，至望弘揚本校實踐大學的校譽，具體落實出版機能。

實踐大學教務處出版組謹識

2014 年 1 月

自　序

哈佛大學經濟學教授N. Gregory Mankiw在其暢銷的經濟學教科書序言中提到，19世紀一位偉大經濟學家Alfred Marshall曾對經濟學作出以下定義：「Economics is a study of mankind in the ordinary business of life.」。而Mankiw也曾在《紐約時報》投書，對大學新鮮人提出五項學習忠告，其中一項建議是必須學習一些經濟學，目的在於能夠處理日後生活日常事務（the ordinary business of life）、培養工作所需的分析技能、成為優良公民並足以評斷不同政黨的說辭，甚至可避免被經濟學家矇騙！浩瀚的經濟學學海裡，當然不乏博大精深、艱深晦澀的理論與分析方法，但理論也好、分析也罷，不就只是「單純地」想要解讀現象、解決問題嗎？

編者長期以來在大專校院教授大學部「經濟學」與「貨幣銀行學」課程，課堂上總是不時提醒修課學生，課程所教授的知識在日常生活中俯拾皆是，並鼓勵學生除了上課教材外，亦能廣泛涉獵報章雜誌等媒體所刊載與探討的各項議題，透過知識的累積建立起經濟直覺的思維（economic way of thinking）。然而，老師的「言者有心」總敵不過學生的「聽者無意」。於是，自九十八（2009）學年度起，開始在課程設計上作了一項調整，由編者在平面及電子媒體上蒐集與課程單元相關的時事報導，製作成簡單的案例，並研擬相關的研討問題，當作每一位修課學生的平時作業，要求學生在規定的時限內自行蒐集資料完成作業。一門課一學期會要求學生完成3至4次平時作業。當然，學生繳交之作業經編者批閱完畢之後，會在課堂上檢討作業內容的缺失，並以編者所建議的作法以及優良作業內容供學生觀摩參考。此作法實施近五年以來，學生修課負擔加重是必然的，但在期末教學評量意見上，學生普遍表示從作業撰寫上可以訓練資料蒐集與歸納整合的能力，而且可以將時事議題與理論相結合，雖然辛苦，但收穫不少！

此書集結了過去近五年來編者所設計的作業內容計38個案例，以及根據網路上所蒐集到政府部門資料與各媒體報導內容編寫成的參考答案。市面上已有相當多傑出經濟學者出版的經濟學教材，學術先進們對學習經濟學課程莘莘學子的引導與啟發，貢獻良多，亦無法被取代。經濟學初學者在透過教科書學習之餘，若能搭配相關的案例研討，勢必可收事半功倍之效。

英國著名教育學家威廉·亞瑟·瓦爾德曾說過，平庸的老師只是敘述，好的老師講解；優秀的老師示範，偉大的老師啟發。教學多年，一直都以追求成為偉大的老師為目標。基於對教學工作的執著與使命感以及維護自身教學品質的自律，一向對自己的教學表現有著某種程度的自信（絕非只是自我感覺良好！）。「偉大」雖然遙不可及，「優秀」也言過其實，「好不好」自有公評，但絕不至淪落於「平庸」。面對愈來愈嚴苛的工作條件與愈來愈險峻的教育環境，沉重的壓力自然不在話下，雖然曾有一位大陸教授指出，一生把全部精力都用在教學上，是毀滅自己、照亮別人，但自己對教學工作秉持熱情的初衷卻不曾動搖過！感謝一路走來給予包容與精神支持的家人、提供充沛教學資源的任職學校、不吝於分享教學經驗的學校同事，以及在我課堂上參與課堂學習的所有學生。

翁志強 謹誌

2014年3月

CONTENTS

CONTENTS

案例1

經濟學的基本原理

哈佛大學經濟學教授Mankiw在2010年9月4日於《紐約時報》的投書（「A Course Load for the Game of Life」）中表示，每年秋季他都會迎接大約700名大學新鮮人，而當年他的第一個小孩也要上大學了。於是，他認真思索大學生應該學習些什麼？他們需要什麼基礎才能了解及因應現代經濟環境？

29歲便成為哈佛歷史上最年輕終身教授之一的Mankiw，對大學生們提出了五項忠告，包括：學習一些經濟學（Economics）、學習一些統計學（Statistics）、學習一些金融學（Finance）、學習一些心理學（Psychology），以及忽視你認為應該忽視的忠告（Ignore Advice as You See Fit）。關於學習經濟學的建議中，Mankiw提到學習經濟學的目的在於能夠處理日後生活日常事務（the ordinary business of life）、培養工作所需的分析技能、成為優良公民並足以評斷不同政黨的說辭，甚至可避免被經濟學家矇騙！

【摘錄：蕭美惠（2010年9月7日），全球觀點：哈佛教授的人生5堂課，工商時報。】

問題研討

- Mankiw所著經濟學原理一書中第1章提到經濟學的十個原理，請針對任何一個原理，自平面或電子媒體中蒐集與該原理對應之報導。

✧案例1參考答案：

▌經濟學的十個原理（Mankiw, 2012）

▸第一個層次：人們如何作決策（How people make decisions）

- 原理1－人們面臨取捨（tradeoffs）的兩難。
- 原理2－獲取某些東西是必須付出代價的。
- 原理3－理性的人們會根據「邊際」（marginal）的概念來作決策。
- 原理4－誘因會改變人們的行為。

▸第二個層次：人們如何互動（How people interact）

- 原理5－貿易會提高人們的福祉。
- 原理6－市場通常是組織經濟活動較好的一種方式。
- 原理7－政府有時候可以改善市場的結果。

▸第三個層次：整個經濟體系如何運作（How the economy as a whole works）

- 原理8－一個國家的生活水準取決於其生產財貨與服務的能力。
- 原理9－當政府發行過多通貨時，物價水準會上升。
- 原理10－經濟社會面臨通貨膨脹與失業短期必須取捨的兩難。

▌原理所對應的相關報導（節錄）

▸報導一：辛巴威通膨奇景　人人都是百萬富翁　卻什麼都買不起！（陳世環，2006）

⇨〈原理9〉當政府發行過多通貨時，物價水準會上升。

- 1980年代，位於非洲南部的辛巴威，曾是非洲最富裕的國家，不到1元的辛巴威幣就能兌換1美元，但穆加比（Mugabe）總統上台後的土地搶奪政策，為經濟埋下無窮無盡困擾，造成出口遽減、外資撤離。然而，穆加比的解決之道很簡單，對外，向外國借更多的貸款；對內，印出更多的鈔票。截至2006年5月份的過去一年通貨膨脹率高達1,193.5%，高居世界第一。

- 2006年時辛巴威的失業率曾高達60%，每個月低收入戶的基本生活費飛升至4,100萬辛巴威幣，而一般勞工的薪資卻只有400萬辛巴威幣，大多數的辛巴威民眾目前被迫只能徒步而行。隨著鈔票一天比一天不值錢，原始的以物易物又開始盛行，佃農更願意農場主人直接以實物作為報酬，不但便於攜帶，而且更加保值。

▶報導二：檢舉烏賊車　照片合格每筆可領300元（朱淑娟，2009）

⇨〈原理4〉誘因會改變人們的行為

- 環保署從2000年起推動烏賊車檢舉，但過去領獎辦法嚴格，要被檢舉車輛複驗不合格時，才能領300元獎金。2002年時有15萬個檢舉案，結果只發出15筆獎金，民眾痛批官府欺騙老百姓的熱誠，環保署遂於2003年7月取消檢舉獎金。
- 為重新推動「職業檢舉達人」制度，環保署宣布自2009年起恢復烏賊車檢舉獎金300元，且從寬認定，不必等被檢舉車複驗不過才能領獎金。只要依規定檢舉，由各縣市環保局通過書面審核，確定檢舉照片的張數、日期、車號，以及排煙情況後，就可發給檢舉人獎金，不必等車輛的實測。環保署2009年元月收到的檢舉案已是前一年的兩倍，其中一位住台南的李小姐檢舉1,100件，第二名檢舉人有630件，排名前十名的檢舉人，檢舉件數都達200件以上。

▶報導三：大家多講點道理、多負點責任吧！（工商時報，社論－大家多講點道理、多負點責任吧！，2013）

⇨〈原理2〉獲取某些東西是必須付出代價的

- 臺灣實質有效稅率不到12%，遠比歐美國家低，卻打腫臉充胖子，提供高賦稅福利國家才有的補貼與優惠措施。在長期入不敷出的情況下，財政已有如土石流般潰崩。然而兩黨仍心存「最後一根稻草只會壓死其他駱駝」的僥倖，只要當家就繼續減稅、凍漲、灑錢，以討好各階層選民，久而久之，就助長了民間「低價有理、浪費無罪」的價值觀。

- 台電積弊要改，但低電價促成了高耗能，也應該要改。根據統計，國人每年平均用電量超過一萬度，是亞洲近鄰最高。臺灣是出口導向國家，卻缺乏天然資源，既沒本事像美國突破開採技術，拓展頁岩油氣，又無法像勁敵韓國積極發展核能，那麼除了以價制量、倡導節能、慎用核電之外，可還有別的選擇？

資料來源

Mankiw, N. G. (2012), *Principles of Economics* (6 ed.), South-Western.

工商時報（2013年9月6日），社論－大家多講點道理、多負點責任吧！擷取自中時電子報：http://goo.gl/V6K42B。

朱淑娟（2009年2月5日），賺外快 顧環保 一筆300元 照片合格就可領，聯合報。

陳世環（2006年5月22日），辛巴威通膨奇景 人人都是百萬富翁 卻什麼都買不起！擷取自鉅亨網：http://www.cnyes.com/。

蕭美惠（2010年9月7日），全球觀點：哈佛教授的人生5堂課，工商時報。

案例2

經營效率

美國財經網站「24/7 Wall St.」每年都會公布未來1年可能會關門的10家知名企業，其評鑑指標包括銷售驟減或企業遭受重大損失、母公司透露可能關閉旗下品牌、企業成本驟增、公司被轉賣、面臨破產、主要客源嚴重流失及市場占有率逐漸縮水等。該網站公布2013年將會消失的10家企業依序為：美國航空公司（American Airlines）、服飾零售業Talbots、時事電視（Current TV）、黑莓機製造商行動研究公司（RIM）、服飾品牌Pacific Sunwear、鈴木汽車（Suzuki）、新聞暨娛樂網站Salon.com、職業美式足球聯盟（NFL）球隊「奧克蘭突擊者」（Oakland Raiders）、行動通訊業MetroPCS、美妝品牌雅芳（Avon）。

評鑑分析指出，美國航空公司將會關門的主要原因就是效率極差。當西北航空公司（Northwest Airlines）與達美航空公司（Delta Air Lines）合併，大陸航空公司（Continental Airlines）也與聯合航空公司（United Airlines）合併之後，美國航空公司就失去優勢，在短短兩年時間裡，淪為中等規模的航空公司。

【摘錄：顏伶如（2012年6月23日），美網站：美航明年將消失，中央社。】

問題研討

▶諾貝爾經濟學獎得主Milton Friedman教授曾表示，一家公司倒閉，社會有什麼損失？廠房、設備、土地均依然存在，只不過失去一個無效率的經營者而已。試以一家倒閉（或瀕臨倒閉）的公司為例，說明該公司經營無效率之處。

✧案例2參考答案：

〈例1〉「佳姿健康集團」

■ 大事紀（摘錄）

時間	事件
1977	在頂好商圈成立「佳姿韻律世界」
1997	自國外引進氧身工程
2003.11	佳姿以每月租金約600萬元，向101承租兩層共2,000多坪的樓面，打造臺灣最頂級運動養身會館的「佳姿101氧身運動會館」，開拓頂級健身市場。
2004	年營業額達14億元，成立22家直營據點。計畫未來再拓展氧身工程館、OXY水療和氧身運動館等營業據點。
2005.2	・佳姿積欠員工薪資、爆發財務問題 ・媒體緊追跳票新聞使原先有意投資的財團與銀行抽手
2005.5.10	正式宣布全省21個據點暫停營業（101氧身運動館除外）
2005.5.19	員工再度因薪資問題與公司爆發衝突
2005.5.20	101旗艦店宣布棄守，佳姿健身王國走入歷史，共負債15億元，30年企業畫下休止符。
2005.10.3	復興館復業

■ 倒閉（經營失敗）的原因

▶面臨搶進健身、SPA等健康產業的競爭對手愈來愈多，市場雖做大，但原本在市場占極大優勢的亞力山大、佳姿等連鎖企業，面臨市場稀釋衝擊。

▶隨著臺灣企業西進政策，原本鎖定金字塔頂端客層移往大陸比例愈來愈高，導致標榜頂級健身俱樂部的101氧身運動館會員招收不如預期。

▶在事業體快速拓展與大膽轉進頂級市場的經營策略下，由於缺乏萬全的財務規劃，導致資金周轉不靈，拖垮了這個高度仰賴現金流的事業。

▶積欠員工薪資、跳票等負面消息，使原先有意投資的財團與銀行抽手。

▶輕忽積欠薪資對員工衝擊的嚴重性，員工的抗爭成為壓垮駱駝的最後一根稻草。

▶因為積欠7,500餘萬元租金，101金融大樓決定斷水斷電，終止租約，切斷佳姿王國最後一線生機。

■ 相關報導（節錄）

▶臺灣健身產業預付型會員制引爆財務危機（楊淑閔，2007）

- 健身中心本是外來產業，但臺灣業者以在地化經營，連鎖化、複合式、更新軟硬設備擄獲消費者的心。然而當臺灣佳姿、亞力山大兩大品牌戰勝外商品牌時，卻陸續發生歇業事件，透露出會員制財務結構本身隱藏不利於長期營運的問題。
- 早期業者發行的是會員卡，會員每個月還要繳固定小額費用，作為清潔等服務的例行成本支出使用。因此，每個月營收得以處於平穩狀態，環境品質的維護也十分穩固。
- 會員制一次收費的預付制度，雖然在業者一次可招收到龐大會員時，營收可大幅衝高，但並非常態。當營收下降時，業者仍沉浸在高營收的氛圍中，加速展店作業，急於吸引新會員，實際上卻是把年營收當月用掉。一旦錯估潛在市場，致使會員招收不如預期時，在龐大投資的財務負擔下，終將拖垮整個連鎖事業。

資料來源

李麗滿（2005年4月5日），佳姿蔡純真 亞力山大唐雅君 調整定位 迎接新挑戰，工商時報。

林奇芬（2006），一堂負債15億的課，Smart智富月刊（92）。

徐谷楨（2004），都會氧身工程師 蔡純真，新臺灣新聞周刊（413）。

黃仁謙（2004年7月1日），佳姿101氧身運動館 6日開幕 標榜時尚養生健身 頂級卡80人預訂 一般卡逾千人繳款，經濟日報。

楊淑閔（2007年12月16日），臺灣健身產業預付型會員制 引爆財務危機，中央社，擷取自大紀元網：http://goo.gl/QyWgUU。

燕珍宜（2011），蔡純真從健身教母到負債十五億的體悟，今周刊（759）。
顏伶如（2012年6月23日），美網站：美航明年將消失，中央社。

〈例2〉「日本航空株式會社（Japan Airlines Co., Ltd.; JAL）」

■ 大事紀（摘錄）

時間	事件
1951	創立、營運
1953	成為代表日本的半國營航空公司
1954	開闢第一條國際航線（東京－夏威夷－舊金山）
1985	發生航空史上單一客機傷亡最慘重的事故（520人罹難）
1987	民營化（全日空與日本佳速航空加入競爭）
2001	・日航及日本佳速航空合併；隔年成立新的控股公司日本航空系統 ・發生班機空中接近事故（100人受傷）
2002	載客量全球第六、收入全球第三
2003	日航股價創下每股366日圓的歷史高點
2004.6.26	母公司日本航空系統更名為日本航空株式會社
2007.4.1	正式加入寰宇一家（oneworld）航空聯盟
2009	第二季累積赤字達1,312億日圓
2010.1	股價一度跌至5日圓、公司市值僅約137億日圓
2010.1.19	向東京地方裁判所聲請破產保護（負債2.5兆日圓）
2011.3.1	波音747客機正式退役（1970～2011）
2011.3.28	東京地方裁判所結束對日航長達14個月的破產保護程序
2011.4.1	重新啓用「紅鶴」標誌期待公司獲得新生

■ 破產原因

- 海外度假勝地與旅館等風險性投資隨著1980年代的房市與股市泡沫破滅後，嚴重侵蝕其根本（本業）。
- 退休金及人員薪資包袱沉重。
- 工會罷工造成公司內耗。
- 航線多而不當。
- 全球經濟衰退、新流感疫情，及本國對手的競爭等因素衝擊營運。
- 飛航安全疏失導致形象受損。

資料來源

日航破產 大企業說倒就倒！對臺灣的啟示？（2010年1月21日），擷取自公共電視《有話好說》節目網頁：http://goo.gl/63wvIS。

劉聖芬（2010年1月20日），250億美元債務壓頂日航落難聲請破產保護，工商時報。

劉聖芬（2010年1月19日），負債1.5兆日圓 日航今將聲請破產保護，工商時報。

案例3

排隊現象與廠商經營策略

環顧全世界只要有年輕義大利人聚集的地方，就一定會存在Swatch手錶的黑市。花費約45英鎊買到一支像Chrono、Scuba或Automatic等受歡迎的錶款之後，要再轉賣都不成問題。甚至拿回義大利去賣，還可以賣到300英鎊。當然，這些受歡迎的錶款都很難買到，因為只要貨到便迅速售罄。因此，像在倫敦牛津街的錶店就會針對這幾種熱銷錶款限制一位消費者只能買一支；另外有些錶店則會在銷售這些熱銷錶款的同時，要求消費者（尤其是想透過轉手熱銷錶款獲利者）必須再多買一支較不風行的錶款。

Swatch錶商其實知道有這麼一個黑市的存在，甚至有部分人士認為是該公司助長黑市的形成。每一個Swatch錶款在全世界的售價皆相同而低廉，且限量供應。每一個風行的錶款一次皆僅配送些許數量至任何特定的店面或地區來銷售。而這些錶款均採限量生產，數量有時會少至僅150支，不過一般係介於5,000至15,000支。

【摘譯：Why a Queue?（The Economist Newspaper Limited, London）, 1995。】

問題研討

▶排隊現象與黑市的形成皆為廠商訂價過低的訊號（亦即，市場產生超額需求），廠商應可透過提高售價或增產來舒緩排隊現象並提高利潤，但廠商是基於什麼理由要讓排隊現象持續存在？而廠商的這種作法又如何能使其利潤達到最大？請蒐集相關媒體（報紙、雜誌或期刊）報導，並根據報導內容說明（或推論）廠商經營策略的合理性。【提示：網路效果與網路外部性】

✧案例3參考答案：

網路效果與網路外部性（謝登隆，2010）

▶網路效果（network effect）

- 指個人對某商品的需求，與該商品的消費人數多寡有關，亦即個人需求會受到其他消費者需求量影響的效果。

▶樂隊花車效果（bandwagon effect）

- 亦稱「從眾效果」、「隨波逐流效果」、「羊群效果（herding effect）」、「時尚效果」、「流行（潮流）效果」、「攀比效果」，係指正的網路效果，亦即當某商品消費人數增加時，個人對該商品的需求會隨之增加，並使得該商品需求量進一步擴增。

▶標新立異效果（snob effect）

- 亦稱「勢利效果」、「虛榮效果」，係指負的網路效果，亦即隨著某商品消費人數增加時，個人對該商品的需求會減少，造成該商品需求量下降。

排隊現象與廠商經營策略（Becker, 1991; Why a Queue?, The Economist Newspaper Limited, London, 1995）

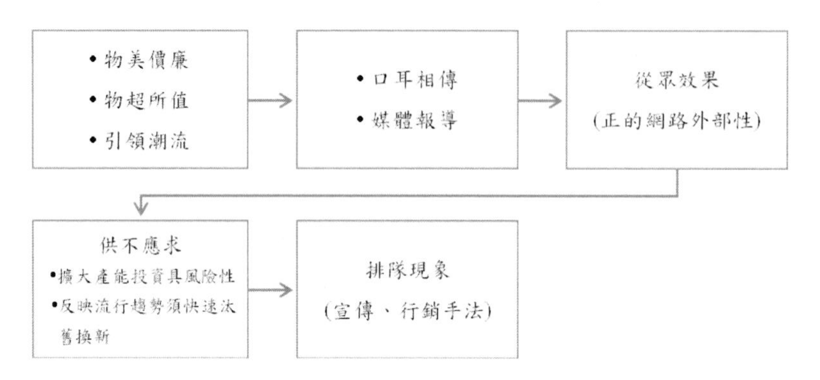

▶排隊現象是一種群眾效果的指標

- 雖然排隊現象並不必然是商品品質的保證，且對消費者而言，什麼是熱門或冷門的商品恐怕非常主觀，然而一旦被消費者認定為熱門流行商品，消費者便會一窩蜂的追逐。

▶漲價或增加產量可能會造成群眾效果退散

- 當廠商欲透過漲價來稍微紓解大排長龍的情況時，需求量可能會鉅幅滑落。原本低價所創造出的流行風潮一旦消逝，商品的銷量便會下滑至真實的水準。這也可以解釋為何流行熱銷商品的生產者通常不願增加供給，因為增加產能的投資會有風險。

相關報導（節錄）

▶行銷上的排隊效應　利用限量、限時、限制三限選一策略，就能創造促進排隊的宣傳效果（吳心怡，2004）

- 排隊效應可創造出包括：口碑行銷、街頭聲勢、鼓勵結伴而行、免費的招牌、擴大既定的宣傳內容並提早達成消息擴散，以及成為同儕間炫耀或抱怨的話題並創造共同經驗等效益。

▶店家為何寧願客人排隊？（經濟達人（Dr. A），2010）

- 店家可利用排隊現象來釋放「訊號」，以加速並擴大商品資訊的傳遞。
- 新來的顧客大排長龍會對正在店裡用餐的顧客造成壓力，店家藉此可降低催促顧客的交易成本，並提高「翻桌率」（座位周轉率）。
- 在顧客大排長龍的壓力下，店內員工勢必得戰戰兢兢並提高生產及服務效率，如此一來店家不僅可省去監督員工的成本，還可藉此激發員工的工作效率。

▶日本UNIQLO、西班牙ZARA、瑞典H&M相繼登臺（彭小樂，2011）

- 繼日本UNIQLO一炮而紅後，西班牙品牌ZARA，以及來自瑞典的H&M將相繼登臺，三大平價品牌服飾引領臺灣「簡便時尚」與「平價奢華」風潮，即買即穿即丟的消費習慣，挑戰臺灣地區民眾的穿衣哲學與理財觀念。
- 以款多量少的高汰換率，並打著平民價格的「名牌」服飾一一進駐臺灣，這麼多選擇，也正考驗時下男女如何發揮品牌風采，掌握屬於自己的穿衣態度，使自己保持流行不敗，穿出時尚品味。

▶減法主義　合理設計　UNIQLO創造國民服飾風潮（郭子苓，2010）

- 《WWD Japan》週刊主編松下久美在《UNIQLO進化論》（ユニクロ進化論）中指出，同為「SPA」（Speciality Store Retailer of Private Label Apparel，製造商直營零售店）業者的ZARA及H&M，為即時反映最新流行趨勢，追求高速的汰舊換新，往往重視流行性更甚於素材和品質，因此一件新商品從開發到上架，通常只需要2～3週時間。
- 而UNIQLO，由於以推出「長賣型」的基本款商品為目標，所以衣服款式少，加上堅持採用每天都能穿的設計與舒適質地，因此商品開發往往要花費一年的時間。

▶UNIQLO低價格、高品質的祕密－以SPA為基準，從企劃到販售的一貫性（片山修，2010）

- UNIQLO從商品的企劃到上架全都一手包辦。原本在服飾業有紡織、材料、縫紉等廠商的分別；經銷方面也有批發商和服飾公司的區別。但如果實行「SPA」的話，就有省掉中間經手成本的優點。

- 大量生產是維持低價的因素之一。UNIQLO所有的商品都是大量生產，材料當然也是大量採購，所以才可以壓低成本。關於品質問題，由於UNIQLO的單品都是大量生產，一個作業員只需負責一種品項，如此一來，作業技術較易熟練，品質也比較可以穩定。

資料來源

Becker, G. S. (1991). A Note on Restaurant Pricing and Other Examples of Social Influences on Price. *Journal of Political Economy*, 99(5), pp. 1109-1116.

Why a Queue? (The Economist Newspaper Limited, London). (1995). In B. Atkinson, *Economics in the News: Based on Articles from The Economist* (pp. 3-4). Addison-Wesley Publishing Company Inc.

片山修（2010），全世界都穿UNIQLO：不景氣也能大賣！揭開日本首富柳井正一勝九敗的秘密（廖慧淑，譯者），八方出版股份有限公司。

吳心怡（2004年8月13日），《左腦攻打右腦》行銷上的排隊效應 利用限量、限時、限制三限選一策略，就能創造促進排隊的宣傳效果，工商時報。

郭子苓（2010年8月31日），減法主義 合理設計 UNIQLO創造國民服飾風潮，經理人月刊（70）。

彭小樂（2011年11月4日），即買即穿即丟風潮起 日本UNIQLO、西班牙ZARA、瑞典的H&M相繼登臺灣，臺灣英文新聞日報。

經濟達人（Dr. A）（2010年6月7日），店家為何寧願客人排隊？商業周刊（1176），42。

謝登隆（2010），個體經濟學：生活與個案（第1版），臺北：智勝文化事業有限公司。

案例4

舉辦國際運動賽會之效益分析

國際世界運動總會（International World Game Association, IWGA）係由32個非奧運會競賽種類的國際單項運動總會所組成，而世界運動會（World Games）則為IWGA所主導的綜合性運動會，堪稱全世界僅次於奧運的第二大運動盛會，因此也被視為是「非奧運項目的奧運會」。自1981年在美國聖塔克拉拉市（Santa Clara）舉辦第一屆起，已先後在英國倫敦（London）、德國卡里斯魯（Karlsruhe）、荷蘭海牙（Hague）、芬蘭拉提（Lahti）、日本秋田、德國杜伊斯堡（Duisberg）等城市舉辦，第八屆則於2009年7月16日至26日在高雄市舉行。高雄世運也是臺灣有史以來首度舉辦的大型綜合性國際運動賽會。

問題研討

- 試說明高雄市舉辦2009年世界運動會所帶來的效益。【提示：可針對參賽國家與選手數目、廠商贊助、選手表現（打破紀錄）、票房營收、國際聲譽及能見度，以及其他政治、經濟、社會、文化等層面進行分析。】

✧案例4參考答案：

▌成本：

▸興建主場館（56億元）和巨蛋，部分場館翻修及世運組委會的運作經費，合計共投入新臺幣130億元。

▌效益：彙整如下表

項目	說明
票房收入約6,500萬元	開幕典禮1,120.2萬元、運動舞蹈1,025.6萬元、閉幕典禮943萬元、體操542萬元、七人制橄欖球512.6萬元，合計6,334.2萬；除開閉幕典禮門票銷售一空外，其餘各項賽事場的門票約只賣出四成。
觀光產值超過20億元	世運期間各觀光地點湧入觀光客計25萬9,083人次，較去年同期成長約68%；世運博覽會活動吸引超過124萬人次進場，包括世運商品及住宿餐飲等消費，創造約17.5億元產值；11家百貨業者於世運期間配合推出高雄購物節活動，總營業額約6億元；觀光旅館及一般旅館總營業額約2億元。
28家贊助廠商提供現金與物資贊助	現金贊助部分合計3,705萬元，另外，物資贊助部分則包括：大會禮賓車、飲料、網路軟硬體設備等。
提升城市或國家的國際能見度與知名度	高雄世運是臺灣史上首度舉辦的大型綜合性國際運動賽會，採訪世運經認證的媒體來自28個國家、136人，其中中國籍有36人。共有11個國家轉播世運賽事，精彩賽事畫面透過ESPN播放涵蓋147國，EuroSport在歐洲播映，涵蓋35個國家。
向全球宣示國家主權	世運有史以來第一次由國家元首宣布開幕。
提升市民（國民）自信、促進城市進步轉型	5,000位志工投入世運，熱心參與服務工作，讓高雄世運能夠順利進行圓滿落幕；另外世運的舉辦，也讓世界看到高雄美麗的山海河港及對城市美學的追求。
主辦國運動員成績表現優異	主辦國中華臺北代表團寫下歷屆最佳成績，奪下8金、9銀、7銅，所有參賽國中排名第七。
高雄世運受讚譽為「史上最成功的世運」	共有103個國家近6,000名隊職員完成認證手續，寫下世運史上最多國家與人數參賽的紀錄。國際世界運動總會（IWGA）主席朗佛契（Ron Froehlich）盛讚高雄世運是「史上最成功的世運」，對高雄世運給予極高的評價。

補充資料

▸2008年北京奧運收入高達205億人民幣，支出約193.43億人民幣，結餘約達12億人民幣。其中：門票收入12.8億人民幣（門票銷售率高達95%）；各項奧運授權商品銷售收入98.7億人民幣（馬小蘭，2009）。

資料來源

中廣新聞（2009年7月27日），KOC：世運為高雄帶來國際知名度與中長期觀光效益。

王淑芬（2009年7月28日），世運經濟效益逾20億元，中央社。

世運閉幕四萬人共同演出世運星河（2009年7月29日），擷取自2009年高雄世運會官網：http://www.worldgames2009.tw/wg2009/cht/index.php。

馬小蘭（2009年7月），砸錢不手軟 效益待精算 臺灣第一次 世運總體檢，Taiwan News財經文化周刊（388）。

高雄世運光彩落幕 史上最成功世運會（2009年7月29日），擷取自2009年高雄世運會官網：http://www.worldgames2009.tw/wg2009/cht/index.php。

高雄世運票房超6136萬元世運博覽會破113萬人次（2009年7月29日），擷取自2009年高雄世運會官網：http://www.worldgames2009.tw/wg2009/cht/index.php。

高雄世運認證103國5983人世運會史上破紀錄（2009年7月29日），擷取自2009年高雄世運會官網：http://www.worldgames2009.tw/wg2009/cht/index.php。

楊菁菁（2009年7月27日），躍上國際 高雄綻放光芒，自由時報。

廖國雄（2009年7月29日），世運效益 市民自信進步 無價，民眾日報。

邀馬總統宣布世運開幕 IWGA：正確決定（2009年7月29日），擷取自2009年高雄世運會官網：http://www.worldgames2009.tw/wg2009/cht/index.php。

鐘國鑫（2009年5月27日），世運贊助金額達3700萬，中華日報。

案例5

進出口貿易與貿易依存

美國商會曾提出警示指出，大陸占了臺灣四成的出口市場，如此過度依賴單一市場，風險太高，最好還是與其他國家平衡發展。美國商會的警示可謂經驗之談。1984～1986年美國就占了臺灣48%的出口市場，也正是由於出口過度集中美國，對美貿易順差太大，臺灣時而被要求開放菸酒、火雞肉進口，時而被要求修正著作權法、專利法，甚至新臺幣也被要求升值。此外，特別301、超級301的名單臺灣幾乎年年上榜。

事實上，美國商會所提的四成是包括對大陸及香港出口，由於臺灣經香港轉口未必全數進入大陸市場，因此說大陸占臺灣四成的出口市場顯然是過於高估。依國貿局估計，臺灣近年對大陸出口依存度約三成。不過，過去臺灣出口到美國的多數是最終成品，而如今臺灣對大陸出口多屬於半成品及原材料，在大陸加工後輸往美歐，今昔的貿易內涵不盡相同，其風險自不可等量齊觀。傳統的商品貿易會衍生出生產與就業的排擠效應，進口國的廠商在面臨競爭下，自然會反彈，而衍生出貿易報復的風險。但隨著全球化競爭，透過區域結盟分工以取得優勢，已是大勢所趨，而鄰國彼此依賴加深也已難以阻擋，更何況身處大陸這一世界工廠之旁的臺灣，即使對大陸出口依存度略高一些，也在情理之中。

【摘錄：于國欽（2011年6月12日），臺灣太依賴大陸？，工商時報。】

問題研討

▶我國對某特定國家的出（進）口金額占我國出（進）口總額的比例可以衡量我國對該特定國家的出（進）口依存度，比例愈高，代表我國對特定國家的出（進）口依賴程度愈高。請根據2009年臺灣的進出口貿易統計資料，分別找出臺灣出口依存度及進口依存度最高的前五個國家或地區。

✧案例5參考答案：

2009年臺灣前五大貿易出口國（地區）

▶中國 （26.63%）
▶香港 （14.46%）
▶美國 （11.56%）
▶日本 （7.12%）
▶新加坡 （4.23%）

2009年臺灣前五大貿易進口國（地區）

▶日本 （20.77%）
▶中國 （14.01%）
▶美國 （10.41%）
▶韓國 （6.03%）
▶沙國 （4.97%）

2009年臺灣前五大貿易國（地區）

▶中國 （20.81%）
▶日本 （13.42%）
▶美國 （11.03%）

▶香港 （8.09%）

▶韓國 （4.71%）

資料來源

于國欽（2011年6月12日），臺灣太依賴大陸？，工商時報。

行政院主計總處（2013年3月15日），總體統計資料庫：進出口統計，擷取自中華民國統計資訊網：http://goo.gl/jfmZ0。

表5-1 2009年臺灣主要進出口貿易國（地區）

國別 （地區別）	出口至 金額 （千美元）	出口至 比例 (%)	出口至 排序	進口自 金額 （千美元）	進口自 比例 (%)	進口自 排序	貿易額 （出口金額+進口金額） 金額 （千美元）	貿易額 比例 (%)	貿易額 排序	貿易收支餘額 （=出口金額-進口金額） 【盈餘（+）、赤字（-）】
香港	29,445,233	14.46	2	1,122,556	0.64	18	30,567,789	8.09	4	28,322,677
印尼	3,226,271	1.58	11	5,183,686	2.97	8	8,409,957	2.22	10	-1,957,415
日本	14,502,259	7.12	4	36,220,017	20.77	1	50,722,276	13.42	2	-21,717,758
韓國	7,302,546	3.59	6	10,506,837	6.03	4	17,809,383	4.71	5	-3,204,291
中國	54,248,679	26.63	1	24,423,472	14.01	2	78,672,151	20.81	1	29,825,207
馬來西亞	4,060,117	1.99	9	4,552,646	2.61	11	8,612,763	2.28	9	-492,529
新加坡	8,613,846	4.23	5	4,809,198	2.76	9	13,423,044	3.55	6	3,804,648
泰國	3,826,841	1.88	10	2,681,667	1.54	12	6,508,508	1.72	13	1,145,174
越南	5,987,897	2.94	7	920,792	0.53	19	6,908,689	1.83	12	5,067,105
科威特	146,891	0.07	25	4,555,730	2.61	10	4,702,621	1.24	14	-4,408,839
沙烏地阿拉伯	674,172	0.33	20	8,657,904	4.97	5	9,332,076	2.47	8	-7,983,732
法國	1,369,130	0.67	18	1,784,248	1.02	14	3,153,378	0.83	17	-415,118
德國	4,695,923	2.31	8	5,672,902	3.25	7	10,368,825	2.74	7	-976,979
義大利	1,786,569	0.88	15	1,830,966	1.05	13	3,617,535	0.96	16	-44,397
英國	2,980,199	1.46	12	1,230,253	0.71	16	4,210,452	1.11	15	1,749,946
奈及利亞	243,534	0.12	22	510,640	0.29	20	754,174	0.20	23	-267,106
加拿大	1,460,635	0.72	16	1,147,509	0.66	17	2,608,144	0.69	19	313,126
美國	23,552,856	11.56	3	18,153,900	10.41	3	41,706,756	11.03	3	5,398,956
墨西哥	1,097,124	0.54	19	343,214	0.20	22	1,440,338	0.38	21	753,910
巴拿馬	153,421	0.08	24	23,543	0.01	25	176,964	0.05	25	129,878
阿根廷	223,057	0.11	23	74,567	0.04	24	297,624	0.08	24	148,490
巴西	1,406,537	0.69	17	1,301,204	0.75	15	2,707,741	0.72	18	105,333
澳大利亞	2,353,386	1.16	13	5,965,882	3.42	6	8,319,268	2.20	11	-3,612,496
紐西蘭	297,700	0.15	21	459,040	0.26	21	756,740	0.20	22	-161,340
其他	1,856,482	0.91	14	276,917	0.16	23	2,133,399	0.56	20	1,579,565
合計	203,674,648	100.00		174,370,531	100.00		378,045,179	100.00		29,304,117

資料來源：行政院主計總處，總體統計資料庫：進出口統計，2013。

案例6

政府政策與市場供需

英國政府為了禁菸不斷推高稅率，已經對弱勢社會階級造成了生活負擔。英國最貧窮10%的家庭，花在抽菸上的支出占了總收入的2.43%，而相對最富裕10%的家庭，花在香菸上的開銷只占收入的0.52%。也因為菸太貴了，這些窮人抽起來似乎要抽出每一克的尼古丁灌進肺裡，所以健康受菸所害的程度，也是窮人遠高於富人。抽菸不僅關乎個人健康與公共衛生議題，事實上還有明顯社會階級因素在其中，那就是越抽越窮，越窮越抽。立意良善的禁菸政策反而拉大貧富階級鴻溝，這可能是當政者始料未及。

【摘錄：中時電子報（2010年6月2日），抽不抽菸跟身處何種社會階級息息相關。】

問題研討

▶過去在國內外曾有哪些立意良善的政策在實施之後，卻出現當政者始料未及的結果。

✧案例6參考答案：

▍大專畢業生企業職場實習方案（「22K」方案）（姜兆宇，22K魔咒……「天花板」效應，2012）

▶2008年金融海嘯爆發，衝擊國內景氣，為了協助大學生就業、降低失業率，教育部在2009年推出大專畢業生到企業職場實習方案（就是俗稱的「22K方案」），補助34,000個畢業生勞健保費用，以及月薪22,000元，為期一年。

▶這項政策出爐時，確實「創造」出不少工作機會，但是隨著補助結束後，許多因政策受惠者立即失業，政府花費超過290億元補貼薪資，「效期」僅一年，失業率仍然居高不下，可是「22K」卻因此成為大學畢業生薪資「天花板」，直到今天仍然難以突破。

調降民法借貸利率上限（工商時報，社論－與其修民法不如訂定融資公司法，2013）

▶調降民法最高借款利率，原本立意良善。然而，人為抑制價格，只會導致供給減少與更高的黑市價格，對於弱勢民眾，愛之適以害之。

▶對於優質大客戶，銀行談判力量相對低，而且競爭者眾，因供給大於需求，價格（利率水準）乃因而降低；至於對弱勢客戶，由於其風險高，銀行避之唯恐不及，因供給小於需求，導致利率上升，甚至「破表」（超過民法利率上限）。均衡利率破表的弱勢民眾，只好向地下錢莊借貸，因此法定利率的上限越調降，只會使均衡利率破表的弱勢民眾越增多，受到地下錢莊更嚴重的剝削。

垃圾清運費「隨袋徵收」政策

▶優點（臺中市政府環境保護局，2013）

- 提高資源回收成效：減少垃圾量、延長焚化爐、掩埋場壽命。
- 「使用者付費」公平原則：收費多寡與垃圾產生量直接相關。
- 費用降低：垃圾越少，付費越少。

▶缺點（臺中市政府環境保護局，2013；馮珮汶，2013）

- 不便利性：需購買專用垃圾袋。
- 專袋專用：需使用專用垃圾袋，否則清潔隊不提供收運。

- 環境衛生問題：衍生投機者採棄置、掩埋或焚燒方式處理產出之垃圾，主管機關需增加稽查人力。
- 負擔偽袋的稽查成本。
- 專用垃圾袋進焚化爐造成汙染。

資料來源

工商時報（2013年12月12日），社論－與其修民法不如訂定融資公司法，擷取自中時電子報：http://goo.gl/yRjHaJ。

中時電子報（2010年6月2日），抽不抽菸跟身處何種社會階級息息相關。

姜兆宇（2012年12月11日），22K魔咒……「天花板」效應，聯合報。

馮珮汶（2013年6月27日），倒垃圾先「刷卡」？未來擬秤重收費，NOWnews，擷取自YAHOO奇摩新聞：http://goo.gl/GUG0p。

臺中市政府環境保護局（2013），垃圾費隨袋徵收，擷取自臺中市政府環境保護局全球資訊網：http://recycle.tcepb.gov.tw/collection/what.asp。

案例7

奢侈稅

近2、3年來，我國與新加坡、香港、大陸等房地產市場都發生交易過熱及人為炒作問題，各國紛紛對不動產交易加重課徵相關租稅，以提高交易成本，遏止投機炒作。財政部表示，我國自2011年6月1日開徵特種貨物及勞務稅（簡稱特銷稅）以來，短期投機買賣房地及哄抬房價的情形，已有大幅度改善，房屋市場正朝健康常態方向發展。（財政部，稅務新聞：財政部說明特種貨物及勞務稅條例施行1年半成效，2012）

另外，財政部亦表示，針對不動產以外之高額消費貨物及勞務課稅的目的，在使高額消費負擔合理稅負，而具有購買高額消費貨物及勞務之能力者，多屬高所得者。因此，對高消費行為課徵特銷稅等同責成高所得者負擔額外稅捐，對維護租稅公平及避免社會不良觀感有正面助益。（財政部，稅務新聞：財政部說明特種貨物及勞務稅條例施行1年半成效，2012）然而，亦有媒體指出，政府不應忽略特銷稅課徵的技術難度，以及因課稅而產生的各種避稅安排，導致對正常交易形成的干擾。（經濟日報，社論－捨近求遠的奢侈稅，2011）

問題研討

- 請簡述我國「特種貨物及勞務稅」（簡稱特銷稅，俗稱奢侈稅）的立法目的、課徵標的與課徵方式。

▸請針對不動產以外的特種貨物或特種勞務，舉出因此稅負產生的避稅安排，造成對正常市場交易形成干擾的實際案例。

▸曾有媒體報導質疑奢侈稅是一個違背經濟學原理、市場法則與信賴保護原則，而且在全世界有一堆失敗案例的法案。請以美國在1990年代實施奢侈稅（luxury tax）失敗的經驗說明為何奢侈稅違背經濟學原理與市場法則。

✧案例7參考答案：

▍特種貨物及勞務稅條例（財政部，特種貨物及勞務稅條例通鑑，2013）

▸立法目的

- 抑制不動產市場頻繁的短期交易及房價不合理飆漲，避免房地產市場產生泡沫化現象。
- 防止高額消費之誘發效果，帶動物價波動，並引發民眾負面感受。

▸課徵標的（課稅客體）與課徵方式

- 不動產部分
  - □ 持有期間在二年以內非自住之房屋及其坐落基地，或依法得核發建造執照之都市土地。
  - □ 所有權移轉時以銷售價格為稅基，按持有期間長短分級課徵。
    - ➢持有期間1年以內移轉者 ⇨ 稅率為15%
    - ➢持有期間逾1年至2年以內移轉者 ⇨ 稅率為10%
    - ➢持有期間超過2年移轉者 ⇨ 不課徵
  - □ 排除課稅項目 ⇨ 合理、常態及非自願性移轉者
    - ➢土地所有權人與其配偶及未成年直系親屬僅有一處自住房地。
    - ➢公共設施保留地徵收前之移轉。
    - ➢因強制拍賣、繼承或受遺贈取得之房地。
    - ➢營業人興建房屋完成後第一次移轉。
    - ➢銀行處分因行使抵押權取得之不動產。

- 高額消費部分－特種貨物
  - □ 每單位價格達新臺幣300萬元以上之小客車、遊艇、飛機、直昇機及超輕型載具。
  - □ 每單位價格達50萬元以上之龜殼、玳瑁、珊瑚、象牙、毛皮及其製品、家具。
  - □ 特種貨物於產製出廠或進口時，按銷售價格或按關稅完稅價格加計進口稅後之數額（如係應徵貨物稅或營業稅之貨物，應加計貨物稅額及營業稅額）課徵，稅率為10%。
- 高額消費部分－特種勞務
  - □ 入會費價格達50萬元者。
  - □ 銷售時按銷售價格課徵，稅率為10%；但不包括屬可退還之保證金性質者。
- 高額消費部分－免徵項目
  - □ 供作產製另一應稅特種貨物者。
  - □ 運銷國外者。
  - □ 參加展覽，於展覽完畢原物復運回廠或出口者。
  - □ 公私立各級學校、教育或研究機關，依其設立性質專供教育、研究或實驗之用，或專供參加國際比賽及訓練之用者。

影響市場交易的實際案例報導（節錄）

▸奢侈稅上路將滿兩年　豪華進口車商成苦主（陳信榮，2013）

- 奢侈稅上路，催化了雙B等豪華進口車品牌產品銷售結構的轉變，低總價的車款占比快速拉高，超過300萬元的高價位車款銷量大幅減少。賓士旗艦轎車S系列銷售占比，從2010年奢侈稅實施前的16.8%，到2013年3月只剩約5%。
- 車商表示，這兩年豪華進口車品牌銷售，往低單價中小型車移動，不僅奢侈稅課不到，以引擎排氣量分級課徵的汽車貨物稅、燃料稅等稅收也跟著變少。奢侈稅颱風尾不只掃到進口汽車業，甚至租車業也被拖累，必須調高車輛租金反映成本，生意受到影響。

美國實施奢侈稅失敗的經驗（劉屏，2011；王榮章，2011）

- 美國實施奢侈稅的內容（略述）
  - 美國國會在1990年底通過課徵奢侈稅。
  - 凡是購買私人遊艇、飛機、豪華汽車、珠寶、毛皮等都要課奢侈稅。
- 美國實施奢侈稅的影響與結果
  - 買方避稅行為、賣方承擔奢侈稅 ⇨ 租稅公平正義遭質疑。
  - 靠「奢侈品」謀生的企業、勞工受到重創。
    - 遊艇工業一年內銷售掉了七成，導致遊艇公司紛紛倒閉、大量遊艇工人失業。

租稅歸宿－奢侈稅的經濟分析

- 奢侈稅由誰負擔？
  - 買方 ⇨ 消費者（經濟條件優越、富裕）
    - 買方對奢侈品的需求彈性較大 ⇨ 租稅負擔較小
  - 賣方 ⇨ 廠商、勞工（經濟條件屬中低階層）
    - 賣方對奢侈品的供給彈性較小 ⇨ 租稅負擔較大

資料來源

王榮章（2011年4月），一場沒有贏家的豪賭，財金雜誌（20）。

財政部（2012年12月19日），稅務新聞：財政部說明特種貨物及勞務稅條例施行1年半成效，擷取自財政部稅務入口網：http://goo.gl/tNr8tL。

財政部（2013年9月25日），特種貨物及勞務稅條例通鑑，擷取自財政部財政史料陳列室全球資訊網：http://goo.gl/U5WK1E。

陳信榮（2013年4月8日），奢侈稅上路將滿兩年 打房無效 豪華進口車商成苦主，擷取自中時電子報：http://goo.gl/mY1q6e。

經濟日報（2011年2月16日），社論－捨近求遠的奢侈稅。

劉屏（2011年3月10日），劉屏專欄－美奢侈稅 徹底失敗，中國時報。

案例8

血汗工廠

鴻海集團旗下的富士康科技集團（Foxconn Technology Group），因為員工連環跳樓自殺，引發國際媒體廣泛報導，甚至稱富士康是「血汗工廠」（sweatshop）。由於擔心消費者抵制，蘋果、惠普和戴爾三大科技廠均表示，將對富士康的作為展開調查。分析師認為，員工自殺事件雖不至於導致富士康被撤單，但已重創該公司形象和股價。

過去知名品牌產品一旦被傳出產自血汗工廠，不僅會引起消費者的厭惡而拒買，還會引發國際勞工組織和進口國勞工團體的強烈抗議，進而可能導致進口國政府迫於輿論壓力，限制進口甚至禁止進口，或對血汗產品課徵高額的社會反傾銷稅。而委託血汗工廠代工的跨國企業，不敢背負不盡社會責任的惡名，只得撤銷訂單，另尋代工廠商。

【摘錄：盧永山（2010年5月28日），血汗工廠陰影 富士康憂撤單，自由時報。】

問題研討

- 何謂「血汗工廠」？過去哪些企業曾遭控訴設立所謂的「血汗工廠」？請舉出兩個實例來說明。

✧案例8參考答案：

血汗工廠的定義	■ 譯自英語Sweatshop或Sweat factory，指一間工廠的工業環境恐怖，工人在危險和困苦的環境工作，包括與有害物質、高熱、低溫、輻射為伍，兼且長工時，低工資等。（維基百科，血汗工廠，2013） ■ A small factory where workers are paid very little and work many hours in very bad conditions（Cambridge Dictionary）。【讓勞工在惡劣的工作環境下長時間工作，且僅支付勞工低廉薪資的工廠（廠商）。】 ■ Any workplace where the wages are inadequate, the hours too long, and the working conditions endanger safety or health - whether or not any laws are violated.【國際勞工權利基金會（International Labor Rights Fund）執行長Pharis Harvey】
血汗工廠的案例	■ NIKE－運動用品公司（全球運動鞋與運動服飾領導品牌）因海外代工廠剝削員工被媒體揭發，導致消費者、人權團體發起全球杯葛拒買該公司產品，並掀起反血汗工廠運動。 ■ 星巴克（Starbucks）－全球第一大的咖啡零售業者 種植咖啡豆農民遭壓榨剝削（「*coffee is blood*」）。
具體事證	■ NIKE： ▶ 1980年代，NIKE已被批評不顧工人權益，包括工人收入低、環境差，並有侵犯人權的投訴。 ▶ 1990年代，NIKE更面對一系列有關工人權益的投訴。包括印尼的廉價勞工、柬埔寨和巴基斯坦的童工、中國和越南的惡劣工作環境等。 ▶ 代工廠為了降低成本，將工廠遷移到勞動人權意識落後的地區，甚至發生體罰、不當解雇，與超時工作的情事。 ■ 星巴克： ▶ 星巴克賺取豐厚的利潤，但以極低價收購咖啡豆。 ▶ 星巴克甚至透過談判，要求第三世界國家取消關稅及開放市場，使咖啡農的收入更受到打壓。 ▶ 衣索比亞有五分之一的人口以種植咖啡豆維生，而種植咖啡豆工人一天的工資則不到1美元。 ▶ 原產地的咖啡豆一公斤僅0.6美元，而一公斤的咖啡豆沖泡成咖啡卻可以賣到230美元。
省思（企業社會責任）	■ NIKE： ▶ 禁止強迫勞動、禁止童工（鞋類工人最低年齡訂為18歲，其他工人則為16歲）。 ▶ 確保最低工資保障、給予法定勞工福利。 ▶ 承諾會發揮訂單的影響力，加強稽查供應鏈廠商的運作與管理方式，以避免違反勞工人權的事件。 ▶ 要求所有鞋類工廠要符合美國OSHA的室內空氣標準。 ▶ 接受外界監察，並遵守聯合國一系列人權、勞工權益、環保守則的規範。 ▶ 自2005年起，公布全球供應商名單和地址，並主動揭露整個供應鏈（第一家主動揭露整個供應鏈的大型製造商）（張家銘，2009）。

相關報導（節錄）

▶孟加拉「成衣血汗工廠」知名精品也牽涉（吳凱琳（編譯），2013）

- 兩個月前，孟加拉成衣工廠倒塌，導致1,100多人喪生，成了近年全球最嚴重的人為災害，至今仍餘波盪漾，愈來愈多服飾品牌被揭露與孟加拉成衣產業的相依關係。因為這起意外，眾人將矛頭指向近年快速崛起的平價品牌，提供平價產品的同時，卻剝削了當地人應有的合理工作待遇。
- 事實上，孟加拉不僅僅是沃爾瑪（Wal-Mart）、蓋普（Gap）、H&M、Zara等平價品牌的成衣工廠。根據《華爾街日報》最新報導，包括亞曼尼（Armani）、Ralph Lauren、Hugo Boss等高級精品服飾，也牽涉其中。
- 對孟加拉成衣廠而言，不論是接獲平價或精品品牌的訂單，利潤是同樣微薄。客戶包括H&M、Puma、G-Star Raw的孟加拉成衣廠Fakir，淨利還不到2.5%。至於工廠員工的薪資，也不會因品牌不同而有所差別。以縫紉機作業員為例，一個月薪資大約是80～100美元，雖然比政府規定的最低薪資38美元要好上許多，但這樣的薪資水準仍偏低，甚至低於中國政府規定的最低薪資水準。

資料來源

吳凱琳（編譯）（2013年7月2日），孟加拉「成衣血汗工廠」知名精品也牽涉，擷取自天下雜誌全球資訊網：http://goo.gl/6DsioO。

張家銘（2009），全球化下的企業社會責任，東吳大學社會學系，擷取自豆丁網：http://www.docin.com/p-46708700.html#documentinfo。

維基百科（2013年11月23日），血汗工廠，擷取自維基百科網頁：http://goo.gl/bquBc8。

盧永山（2010年5月28日），血汗工廠陰影 富士康憂撤單，自由時報，擷取自自由時報電子報：http://goo.gl/lH9sj0。

案例9

庶民經濟

近年來官方所公布的經濟數據與現實生活中民衆實際的感受（或認知）之間存在著明顯的落差。因此，吳敦義先生在行政院長任內曾主張政府部門應編製「庶民經濟指標」，讓統計數據能夠反映一般民衆的經濟能力與生活品質，並強調政府施政要讓庶民有感。

問題研討

▸試舉出經濟數據和現實生活之間出現明顯落差的實例。

▸試說明那些項目或統計數據適合納入「庶民經濟指標」之中。

✧案例9參考答案：

經濟數據和現實生活感受之間出現明顯落差的實例（節錄相關分析報導）

▸根據行政院主計總處發布的物價報告顯示，2013年12月消費者物價（CPI）年增率0.33%，創近四個月最低；而全年平均漲幅0.79%非僅近四年最低，且居四小龍最低，至於進口物價更呈連續21個月下跌。儘管官方宣稱物價平穩，但民眾完全感受不出來，質疑官方數字失真。（于國欽，去年CPI漲幅　近4年最低，2014；洪凱音，2014）

▶CPI與人們感覺會有這麼大的差距，原因出在CPI查價項目遍及食、衣、住、行、育、樂總計近四百個項目，而一般家庭每月消費的項目不過百項，而且富者、中產、貧者的消費內容也不盡相同，是以家家戶戶的感受與CPI有落差，並不令人意外。為解決CPI難以反映民眾感受所造成的困擾，日本政府幾年前開始編「購買頻度CPI」。自2013年起主計總處也開始編，2013年「每月至少買一次者」漲1.66%，是CPI漲幅0.79%的兩倍，確實更接近人們的感受。（于國欽，新聞分析－CPI與民眾感受　落差大，2014）

▶主計總處公布的物價指數中有一個「核心物價指數」，它指的是扣除食物類與能源價格後的物價指數。但是，對於大多數民眾而言，食物與汽油價格可說是每天都要買的東西，大家對於這些商品的價格感受一定最深。所以，核心物價對於民眾而言，就會是一個感受很不一樣的指數。（林祖嘉，2009）

▶臺北市的房價在2007～2009年間飆漲46%，但是消費者物價指數卻呈現不出來。因為消費者物價指數的確不包含房價，只包含設算的房租指數，由於房租相對穩定很多，物價指數就無法反映房價大幅上漲的現象。（林祖嘉，2009；劉明德，庶民經濟的參考價值與意義，2009）

▶政府經常會公布一些看起來不錯的經濟數據，但實際上這些數據不是經過修飾調整過，就是基期較低的問題所造成，致使數據與現實情況經常出現巨大反差。例如：某一年經濟好轉的數據完全無法反映出現實的情況，這是因為所謂的經濟好轉，有非常大的因素是由於前一年經濟一下子衰退太多所造成，以致於只要稍為比前一年好一點，就會呈現所謂的成長現象。（經濟數據與現實情況怎麼差這麼多，2009）

▶即便官方的統計資料顯示，景氣已經好轉，出口負成長的情形已經改善，股市已經回到金融海嘯爆發前的水準，但是，一般民眾並沒有感受到景氣回升，餐廳生意沒有變好，工作還是一樣難找。（劉明德，庶民經濟的參考價值與意義，2009）

▶在扁政府時代的八年間，臺灣經濟成長平均4.1%，4.1%成長八年，以複利計算，可以增加37%。但是一般民眾卻沒感受到經濟成長，生活沒有變好。原因是經濟成長的果實只有少數人受惠，特別是電子新貴。另外，從國內生產毛額這個經濟指標看不出所得分配、看不出生活品質、看不出一般人民的經濟能力、文化發展、治安狀況，也看不出人民的生活痛苦。而治安良好、所得分配平均、生活品質提高、社會公平正義等，這些才是一般民眾最在意的事情。（劉明德，庶民經濟的參考價值與意義，2009）

▶前些年有一段期間臺灣經濟成長約在4%～6%，但任憑經濟怎麼成長，薪水始終紋風未動，於是大家便認為這個指標太虛幻。事實上，GDP分配到受僱人員報酬的比例真的愈來愈低。以2007年而言，GDP分配到受僱人員報酬的比例降至44.5%，已低於1998年的48.4%；GDP分配到企業盈餘的比例同一期間卻由33.9%升至36.9%。這說明領薪水過日子的人確實難以分享成長的果實，只有企業大股東及分紅者，才能嘗到成長的喜悅。【就2007年而言，臺灣的GDP成長6.03%，但工資僅成長1.77%。】（于國欽，GDP成長　為何就業薪資跟不上？，2009）

▶官方宣稱民眾平均薪水增加，但多數人卻仍感覺薪資停滯，這是因為平常大家看的都是全體國人的平均薪資，事實上若單獨看基層勞工的薪資即可發現，自2000年以來他們的薪資確呈停滯，經過漫長的8年僅由35,049元升至36,058元，以物價平減後的實質薪資連年下滑，完全呼應了民眾的感受。（于國欽，庶民經濟指標何需編？，2009）

▶經常聽到政府官員說臺灣錢淹腳目，臺灣的儲蓄有多高，但一般民眾不免想問：「臺灣儲蓄率真有這麼高嗎？為什麼我們家不是這樣！」兩方認知的差距在於一般講儲蓄率23%是指全體家庭的平均儲蓄率，若依高低所得五等分位觀察，最有錢的家庭儲蓄率真的高達36.9%，而中產家庭大約在13.6%，最窮的家庭連一毛的儲蓄都沒有，中產家庭十年來儲蓄確實每況愈下。經此五等分位後的儲蓄率即可反映不同

階層民眾的景況，這就是典型的庶民指標。（于國欽，庶民經濟指標何需編？，2009）

▸在臺灣失業率指標經常被認為無法反映民眾感受的原因有二，一是民眾對失業的認定有誤，長期以來不少人認為沒有工作就是失業，事實上只有找不到工作者才算，那些連找都不找而賦閒在家者不能算失業者；二是基層勞工失業的情況確實較嚴重，而失業率衡量的是全體社會的情況，難免被白領優勢勞工給平均掉，不過我國失業統計依職業別算出各類職業的失業率可發現，基層勞工失業率曾達7.5%（2009年8月），高於當時的平均失業率6.13%，這樣的失業率自然可得到較多民眾的共鳴。（于國欽，庶民經濟指標何需編？，2009）

▸國內目前逐月發布的失業率、所得差距、薪資、工業生產、商業營收等經濟指標，皆是透過對家庭、企業訪查推估而得的。但是近年來受到詐騙電話橫行的影響，民眾疑慮升高，這些關乎民生經濟的調查遭拒訪的情況日益嚴重。從抽樣理論而言，拒訪率增加將使最後推估的誤差升高，進而影響一切經濟指標的品質。（工商時報，社論－提升國家統計品質遠勝編「庶民經濟指標」，2009）

官方版「庶民經濟指標」：（林上祚，2009）

▸所得面

- 平均薪資變動、就業保險失業給付件數、缺工人數。

▸生產面

- 國際商港貨櫃裝卸量、國際航線貨物運量、高速公路連結車通行數、外國人來臺人數。

▸金融面

- 加權股價指數、股價成交金額。

▸消費面

- 綜合商品零售營業額、餐飲業營業額、甲類（包括：食物類、居住類的水電燃氣與交通類油料費）生活物價指數、消費者信心指數。

民間版「庶民經濟指標」：（劉明德，庶民經濟的參考價值與意義，2009；阮慕驊，2009）

- 就業保險失業給付件數/金額
- 夜市、小吃攤、餐廳與娛樂場所生意
- 海運空運貨櫃數量
- 高速公路上奔馳的貨櫃車數量
- 股市榮枯（股價指數）
- 觀光飯店的業績表現
- 法拍屋的數量
- 治安（包含偷竊、搶劫等犯罪案件）
- 生活支出消費面上的「保母指數」
- 計程車司機收入
- 百貨公司的人潮與業績
- 化妝品、保養品銷售額
- 週五深夜街頭人車數量【或街頭景氣指數（Street Corner Index）】
- 寵物棄養數量
- 飯店住宿取消率
- 口紅指數（效應）

資料來源

于國欽（2009年10月12日），GDP成長 為何就業薪資跟不上？，工商時報。

于國欽（2009年9月28日），庶民經濟指標何需編？，工商時報。

于國欽（2014年1月7日），去年CPI漲幅 近4年最低，工商時報。

于國欽（2014年1月7日），新聞分析－CPI與民眾感受 落差大，工商時報。

工商時報（2009年9月25日），社論－提升國家統計品質遠勝編「庶民經濟指標」。

阮慕驊（2009年10月4日），我們需要什麼樣的庶民經濟指標？，擷取自Yahoo!奇摩部落格：http://goo.gl/2AFj37。

林上祚（2009年10月3日），庶民經濟13項指標出爐，中國時報。

林祖嘉（2009年9月14日），庶民經濟應有的實質內涵，擷取自財團法人國家政策研究基金會國政分析：http://www.npf.org.tw/post/3/6439。

洪凱音（2014年1月7日），鬼扯！官方版物價創4年新低，中國時報。
經濟數據與現實情況怎麼差這麼多（2009年10月7日），擷取自痞客邦（PIXNET）小詹姆（jamesz）部落格：http://goo.gl/Pkt0H1。
劉明德（2009年10月1日），庶民經濟的參考價值與意義，擷取自財團法人國家政策研究基金會國政評論：http://www.npf.org.tw/post/1/6517。
劉明德（2009年10月9日），庶民經濟與統計數據，擷取自財團法人國家政策研究基金會國政評論：http://www.npf.org.tw/post/1/6551。

案例10

臺灣行動通信服務市場

網路速度和普及率已成為決定現代國家發展的重要基礎建設，更是決定經濟發展的關鍵。臺灣是在2005年開始以WiMAX做為發展4G網路的技術，並將其列為「臺灣新十大建設」之一的「M臺灣計畫」。幾年後發現，另一4G技術LTE較受國際各電信大廠歡迎，之後WiMAX技術逐漸沒落。國際大廠紛紛抽手，我國政府不僅反應不及，更讓臺灣4G後續發展落後他國。（楊智強，2013）

為何LTE會取得最後勝利，打敗WiMAX成為國際所使用的4G通訊協定，主因在於LTE和先前3G的向下相容性。3G技術使用未久，除了臺灣的電信龍頭外，國際上原本使用3G系統的電信大亨們也都反對「砍掉重練」，將3G的基地台改裝為WiMAX的基地台。（楊智強，2013）

國際多數主流國家的電信龍頭都不是以WiMAX技術為生產走向，都是次要或較小的廠商投入開發，希望以新技術挑戰原有的既得利益者。日本電信第二大廠KDDI也和英特爾合作發展WiMAX，向龍頭NTT DOCOMO挑戰，但最後也摔得灰頭土臉，市場占有率一直低於預期。（楊智強，2013）

臺灣電信大亨們對WiMAX的開發也不積極，電信大廠只有遠傳電信獲得WiMAX的證照許可，中華電信和臺灣大哥大並未出手，當時中華電信董事長呂學錦很早就表明不看好WiMAX的發展，並表態力挺LTE。最後WiMAX在爹（WiMAX的創造者英特爾）不親、娘（電信龍頭）不愛的狀況下，慢慢淡出臺灣電信主流，「M臺灣計畫」也在2011年4月結束，終結了臺灣WiMAX的曇花一現[1]。（楊智強, 2013）

臺灣的第4代行動寬頻（4G）頻譜競標係自2013年9月初展開，期間競標金額不斷飆高，在經歷持續40天的競價作業後終於落幕，中華電信、遠傳電信各取得3頻段，臺灣大哥大、鴻海取得2頻段，頂新集團、亞太電信則各獲得1頻段，總標金高達1,186.5億元，高於底價359億元約2.3倍。（中時電子報，交戰40天　4G競標落幕　中華電大贏家，2013）已有電信業人士憂心，在高額的競標金額下，業者開台後根本無利可圖，最後受害的一定是消費者。

臺灣發展行動寬頻，一開始錯押WiMAX技術，再回過頭發展4G LTE，不僅起步落後歐美國家甚多，甚至連亞洲鄰近國家都已遙遙領先臺灣。臺灣未來在4G行動寬頻產業的發展，恐怕在分級付費資費思維的建立、整合業者共享資源、創造全新營運模式，以及WiMAX去留等四大問題上，得及早集思對策。（中國時報，社論－4G沒有二次失敗的本錢，2013）

問題研討

- 比較2G與3G行動通信服務的差別。
- 說明目前臺灣3G行動通信服務市場的競爭概況（包括廠商家數、業者的營收與市占率等），以及業者為爭取用戶所採取的各項競爭策略。

---

[1] 臺灣4G寬頻技術的WiMAX發展計畫－「臺灣新十大建設」之一的「M臺灣計畫」，於2005年6月經立法院通過，2007年開始受理WiMAX營業執照申請，同年7月發出6張執照，得標廠商包括全球一動、威邁思電信、大眾電信、遠傳電信、大同電信和威達有線電視等。

▶報載行政院政務委員張善政曾公開鼓勵新進業者參與4G釋照競標，並認為有益於活絡電信產業生態，並刺激市場出現新穎服務。此次4G搶標行列中，的確也出現了3家以製造業起家的非電信業者（不過其中有1家已退出）。然而，根據目前資料顯示，全球4G產業幾乎青一色是既有3G業者的天下。請問既有3G業者加入4G行動通信服務市場的優勢為何？又面臨哪些問題與挑戰需要克服？

✧案例10參考答案：

▍全球行動通信服務發展演進（周傳凱、陳譽明，2011；陳玟良，新世代行動通信服務發展概要，2012）

▶第一代（1st Generation, 1G）

- AMPS類比式行動通信系統（已停止發展）
- 語音通信服務

▶第二代（2nd Generation, 2G）

- GSM（Global System for Mobile Communications）數位式行動通信系統。
- 語音通信服務、數據通信服務。
- 目前全球行動通信用戶共計約60億戶，GSM尚有約45億戶（約占總數的75%）。

▶第三代（3rd Generation, 3G）

- 國際電信聯合會（International Telecommunication Union, ITU）所制定的全球標準IMT-2000（International Mobile Telecommunications-2000）共核准6個IMT-2000的技術標準
  - □ CDMA2000
  - □ WCDMA
  - □ TD-SCDMA
  - □ EDGE

- □ DECT
- □ WiMAX

- 寬頻帶分碼多工存取（Wideband Code Division Multiple Access, WCDMA）布建程度最遍及全球，相關技術規範亦最完備成熟。
  - □ 目前全球約有160多個國家和地區的398家3G營運商採用WCDMA作為商用系統，全球有7億用戶，2011年底將超過10億用戶。
- 語音、數據、視訊等多媒體服務。
- 隨著2G用戶逐漸移轉而成為市場主流。

▶第四代（4th Generation, 4G）

- 以長期演進技術（Long Term Evolution, LTE）為基礎發展並制定出下世代（4G）行動通信系統IMT-Advanced的技術標準。
- 鑑於全球行動寬頻需求殷切，並為提升行動通信服務傳輸速度及頻譜使用效率，ITU於2012年會議審議LTE-Advanced及WirelessMAN-Advanced等兩項符合IMT-Advanced範疇的技術標準。
- 現階段全球各主要電信業者分別採用「類4G（3.9G等）」之技術LTE及WiMAX等標準提供服務。
- 高品質、高畫質、高傳輸速率的無線通信服務。

電信業務分類－依網路屬性區分（陳玟良，我國行動通信網路業務發展，2012）

▶固定通信網路業務

- 綜合網路業務
- 市內網路業務
- 長途網路業務
- 國際網路業務
- 電路出租業務

▶行動通信網路業務

- 行動電話（2G）業務

- 數位式低功率無線電話業務（1,900MHz）或稱PHS
- 第三代行動通信（3G）業務
- 無線寬頻接取業務（WBA）
- 衛星固定通信業務

行動通信網路業務

▶參見表10-1、表10-2與表10-3

表10-1　2G行動電話業務概況

公司別	用戶數（戶數；占比）			營收（新臺幣千元；占比）		
	2011年底	2012年底	2013年底	2011年底	2012年底	2013年底
中華電信	4,024,898 (56.02%)	3,571,271 (59.54%)	2,619,759 (62.30%)	18,798,498 (49.38%)	14,680,072 (55.55%)	11,069,777 (64.12%)
臺灣大哥大	1,572,757 (21.89%)	1,230,268 (20.51%)	783,722 (18.64%)	9,127,254 (23.97%)	5,781,771 (21.88%)	3,313,978 (19.19%)
遠傳電信	1,587,018 (22.09%)	1,197,044 (19.96%)	801,645 (19.06%)	10,144,491 (26.65%)	5,964,380 (22.57%)	2,880,870 (16.69%)
合計	7,184,673 (100.00%)	5,998,583 (100.00%)	4,205,126 (100.00%)	38,070,243 (100.00%)	26,426,223 (100.00%)	17,264,625 (100.00%)

附註：1. 原東信電訊已與泛亞電信合併，並以泛亞電信為存續公司。
2. 臺灣大哥大已於2008.9.2整併泛亞電訊。
3. 遠傳電信已於2009.12.31整併和信電訊。
資料來源：國家通訊傳播委員會，臺閩地區2G行動電話業務概況表，2014。

表10-2　3G行動電話業務概況

公司別	用戶數（戶數；占比）			營收（新臺幣千元；占比）		
	2011年底	2012年底	2013年底	2011年底	2012年底	2013年底
中華電信	---	6,697,428 (29.53%)	8,036,591 (32.44%)	---	57,681,140 (30.05%)	65,405,955 (32.84%)
遠傳電信	---	5,666,932 (24.99%)	6,359,958 (25.68%)	---	53,128,648 (27.68%)	57,528,726 (28.88%)
威寶電信	---	1,669,669 (7.36%)	1,737,251 (7.01%)	---	6,991,827 (3.64%)	7,266,289 (3.65%)

公司別	用戶數（戶數；占比）			營收（新臺幣千元；占比）		
	2011年底	2012年底	2013年底	2011年底	2012年底	2013年底
臺灣大哥大	---	5,781,758 (25.50%)	6,441,518 (26.00%)	---	53,260,768 (27.74%)	51,720,307 (25.96%)
亞太電信	---	2,860,762 (12.62%)	2,196,839 (8.87%)	---	20,911,379 (10.89%)	17,273,071 (8.67%)
合計	20,860,331 (100.00%)	22,676,549 (100.00%)	24,772,157 (100.00%)	171,491,051 (100.00%)	191,973,762 (100.00%)	199,194,348 (100.00%)

附註：除亞太電信使用CDMA2000系統外，其他各家業者皆採用WCDMA系統。

資料來源：國家通訊傳播委員會，臺閩地區3G行動電話業務概況表，2014。

表10-3　WBA無線寬頻業務概況

公司別	用戶數（戶數）			營收（新臺幣千元）		
	2011年底	2012年底	2013年底	2011年底	2012年底	2013年底
6張特許執照合計	133,067	137,009	122,024	226,493	299,168	283,385

資料來源：國家通訊傳播委員會，WBA無線寬頻業務概況表，2014。

行動通信市場發展概況（陳玟良，我國行動通信網路業務發展，2012）

▶行動通信業務營收占整體電信總營收比重高

- 2001：54.62%（跨越半數門檻）
- 2009：59.43%（最高）
- 2011：57.15%

▶3G行動通信逐漸成為行動通信服務的主流

- 2G行動通信服務用戶數自1997年快速成長；2003年年底普及率超過110%（為當時全球行動電話普及率之冠）。
- 2002年3G行動通信業務開放，2G用戶逐漸移轉至3G。
- 3G用戶數快速成長，並於2009年初正式超越2G用戶數；2011年底3G用戶數為2,086萬，占整體行動通信用戶數72.3%。

▶語音服務為行動通信網路業務的主要營收來源

▶語音服務營收已接近飽和，非語音服務（數據、多媒體等）及相關的行動加值服務將成為電信業者未來營收成長動能。

3G行動通信業者的競爭策略（鄧瑞兆、陳宇信，2009；李平南，2007）

▶價格競爭

- 組合式費率
- 免通話費方案
  - □網內互打免費
- 優惠手機價格（手機補貼策略）
  - □搭配特定資費方案可享購機優惠
- 創新費率方案
- 長期優惠措施

▶非價格競爭

- 申辦手續簡便
- 通話品質
- 售後服務據點（通路）
- 多元化加值服務
  - □多媒體影音

4G行動通信服務市場的競爭

▶既有3G行動通信業者具備的競爭優勢（李平南，2007）

- 品牌知名度
- 掌握客源
- 優勢通路
  - □直營門市、加盟／特約／授權經銷商、加盟業務
- 完備的軟硬體設施
  - □網路建設、終端設備、工程技術與管理人才、客戶服務

- 與異業結盟的長期合作關係（多元促銷手法）

▶既有3G行動通信業者面臨的挑戰（工商時報，社論－4G頻譜競價狂飆誰獲益，2013；中國時報，社論－4G沒有二次失敗的本錢，2013；李平南，2007；陳信宏，2013）

- 4G頻譜競標權利金狂飆
  - □ 成本轉嫁導致消費者必須負擔更高的4G行動通信費率、影響消費者升級至4G的意願。
  - □ 業者可能犧牲服務品質與網路建構速度。
  - □ 業者的營運與財務風險提高。
- 缺乏研發創新恐淪為基礎建設投資的代理人
  - □ 通信產品研發
  - □ 商業服務模式創新
  - □ 服務內容開發與提供

資料來源

工商時報（2013年10月17日），社論－4G頻譜競價狂飆誰獲益，擷取自中時電子報：http://goo.gl/6WjApl。

中時電子報（2013年10月30日），交戰40天 4G競標落幕 中華電大贏家。

中國時報（2013年10月13日），社論－4G沒有二次失敗的本錢，擷取自中時電子報：http://goo.gl/hr4bPi。

李平南（2007），從2G到3G的競爭策略－以臺灣電信集團為例，國立中山大學企業管理學系碩士在職專班碩士論文。

周傳凱、陳譽明（2011年8月），LTE技術演進簡介，NCC NEWS，5（4），4-12。

國家通訊傳播委員會（2014年2月25日），WBA無線寬頻業務概況表，擷取自國家通訊傳播委員會全球資訊網/資訊櫥窗/統計資料專區/通訊類/行動通信業務/行動通信業務營運概況：http://goo.gl/0F2j。

國家通訊傳播委員會（2014年2月25日），臺閩地區2G行動電話業務概況表，擷取自國家通訊傳播委員會全球資訊網/資訊櫥窗/統計資料專區/通訊類/行動通信業務/行動通信業務營運概況：http://goo.gl/0F2j。

國家通訊傳播委員會（2014年2月25日），臺閩地區3G行動電話業務概況表，擷取自國家通訊傳播委員會全球資訊網/資訊櫥窗/統計資料專區/通訊類/行動通信業務/行動通信業務營運概況：http://goo.gl/0F2j。

陳玟良（2012年6月），新世代行動通信服務發展概要，NCC NEWS，6（2），1-5。

陳玟良（2012年6月），我國行動通信網路業務發展，NCC NEWS，6（2），6-9。

陳信宏（2013年9月4日），觀念平台－從2G到3G 看從3G到4G，工商時報，擷取自中時電子報：http://goo.gl/x7kZSY。
楊智強（2013年7月17日），臺4G繞遠路WiMAX學教訓，臺灣醒報。
鄧瑞兆、陳宇信（2009)，市場結構、廠商行為與營運績效之研究－以我國行動電話服務產業為例，臺灣銀行季刊，60（3），124-151。

案例11

檳榔健康捐

食用檳榔除了會導致口腔癌外，引發咽喉癌、食道癌、肝癌和肝硬化的機會亦較高，其中發生食道癌的比例甚至超過百倍。此外，嚼食檳榔的孕婦發生流產、死產、早產等的機率，也較不吃檳榔的孕婦高出約一到三倍。檳榔的危害不只是個人健康問題，更涉及環境生態的維護。檳榔的種植嚴重影響水土保育，造成土石流災害；此外，檳榔殘渣與吐汁亦會汙染環境與衛生。尤有甚者，到處林立的檳榔攤以及「檳榔西施」招攬生意的行為，更衍生出特殊的文化與社會問題。

檳榔健康捐的課徵乃是基於這些綜合性的理由，政府將檳榔視為一種社會「劣價財」（demerit goods），希望透過捐課手段，提高檳榔的價格，以發揮「寓禁於徵」的消費抑制效果。惟由於檳榔與菸酒產品類似，都具有一定程度的「上癮性」，故消費者的價格需求彈性通常較為偏低，換言之，消費需求的抑制效果皆不甚理想。根據學者的研究估計，我國檳榔價格需求彈性大約在0.5至0.7之間，故欲藉用徵收健康捐來達到校正檳榔嚼食習慣的效果並不夠強。

【摘錄：曾巨威（2006年4月12日），欣聞衛生署擬開徵檳榔健康捐，財團法人國家政策研究基金會國政評論。】

問題研討

▶何謂劣價財（demerit goods）？何謂殊價財（merit goods）？請舉出對應之實例。

▶簡述我國檳榔產業之發展概況、政府針對檳榔產業發展之政策方針，以及我國目前對於檳榔消費之相關法律規範。

▶若檳榔需求的價格彈性固定為0.5，假設稅負可完全轉嫁，當政府欲減少20%檳榔消費量，則每包100元的檳榔需要課徵多少元健康捐？

✧案例11參考答案：

殊價財 vs. 劣價財（許義忠，2004）

比較項目	殊價財（merit goods）（或稱「功德財」）	劣價財（demerit goods）
提出者	Richard Abel Musgrave	
財貨定義	■ 當消費某些財貨所獲得的社會價值會超過私人價值（即具有消費的外部效益）時，這些財貨即稱為殊價財。 ■ 若透過市場機能由私人提供，則可能會產生提供量不足的情況，因此政府必須介入（干預）市場，使得這些財貨的供應（生產）能達到社會最適的數量。 ■ 此外，消費者對殊價財的選擇會產生消費不足的現象，因此，政府亦會採取強制手段干預消費者對殊價財的消費偏好（即違反消費者主權）。	■ 當消費行為會對消費者自身造成身體、心理或道德傷害時，這些財貨即稱為劣價財。 ■ 基於消費此類財貨產生的負面影響，為避免消費者因資訊或判斷力不足而作出過度消費的錯誤決策，政府會取代市場消費選擇，透過制定法令或課徵租稅（即「罪惡稅」）等方式進行干預，以抑制該財貨的消費量。
財貨特性	■ 強制消費性－違反消費者主權 ■ 殊價性－為矯正個人選擇，政府有必要干預 ■ 排他性 ■ 會產生正的消費外部性	■ 抑制消費性－違反消費者主權 ■ 劣價性－為矯正個人選擇，政府有必要干預 ■ 排他性 ■ 會產生負的消費外部性
實例	■ 醫療服務/全民健保、疫苗接種 ■ 國民教育/高等教育 ■ 古蹟、安全帽、國民住宅	■ 菸酒、檳榔 ■ 垃圾食物 ■ 毒品、嫖賭

我國檳榔產業發展概況（行政院農業委員會，2001；曾淑敏、廖安定，2009）

▶國內檳榔種植面積約5萬公頃。

▶國內檳榔產值近新臺幣100億元。

▶國內檳榔生產受氣候環境影響，淡旺季價差極大。

- 每年4月至7月為生產淡季，單價高，產地平均價格每粒5元以上。
- 8月至次年3月為盛產期，產地平均價格每粒低於0.5元。

▶政策導致部分農民廢園、部分農民搶種之矛盾現象

- 政府一方面輔導補助檳榔園廢園、轉作。
- 另一方面強化檳榔進口管制措施（調整檳榔關稅配額進口時間及加強檢疫），卻造成淡季檳榔價格居高不下，部分縣市（如屏東縣）出現農民搶種情形。
- 政府將已辦理檳榔專案種植登記之檳榔及其相關作物納入農業天然災害救助對象的作法，亦會誘發出新種植面積。

政府針對檳榔產業發展之政策方針（行政院農業委員會，2001；曾淑敏、廖安定，2009）

▶不輔導、不鼓勵、不禁止

- 依據1997年4月行政院核定之「檳榔問題管理方案」。
- 產銷方面不輔導、不鼓勵。
- 加強宣導減少種植及取締違規種植。

▶輔導補助檳榔園廢園、轉作

- 輔導合法土地之檳榔廢園、轉作，每公頃補助廢園費15萬元，補助轉作種苗每公頃最高5萬元。
- 檳榔廢園措施需投入龐大經費，且政策實施一年後評估未能達到加速縮減種植面積之預期目標，故已於2009年初停辦。

▶輔導檳榔廢園造林

- 檳榔廢園後之農牧用地可依據「平地景觀造林及綠美化方案」納入平地造林計畫。
- 辦理檳榔廢園造林面積5.42公頃（至2009年8月底止）。

▶辦理檳榔專案種植登記

- 2008年1月至6月間辦理專案種植登記，以掌握檳榔及其相關作物

（荖花、荖葉、荖藤）之種植生產面積、產量、產地價格、生產成本等資料。

- 已辦理登記之檳榔及其相關作物納入農業天然災害救助對象，未辦妥專案種植登記者，不予救助。

▶調整檳榔關稅配額進口時間

- 我國加入WTO後，檳榔採關稅配額開放進口。
- 為避免泰國檳榔進口時間與屏東地區「搶早」上市時間相衝突，自2008年度起將檳榔關稅配額進口期間由原來每年2月至5月調整為2月至4月。

▶針對檳榔的進口可實施特別防衛措施（special safeguard measures, SSG）

- 加入WTO後，當一定期間內累計進口量超過基準數量或進口價格較基準價格低10%以上，則可對進口檳榔產品課徵額外關稅（加徵三分之一關稅）。

▶加強檳榔進口檢疫

- 積極蒐集東南亞國家及中國大陸疫情資料，以制訂檢疫對策。
- 將農藥列入進口應實施檢疫之項目，加強抽檢。

▶加強管理山坡地違規種植檳榔

- 林務局於國有林地濫植檳榔經訴訟收回者，計有14件，面積17.13公頃（至2009年8月底止）。
- 水保局每兩個月運用衛星影像監測，提供地方政府可疑山坡地開發使用違規地點，以利地方政府查證取締。

檳榔消費之相關法律規範

▶兒童及少年福利與權益保障法（原法規名稱：兒童及少年福利法）

- 兒童及少年不得吸菸、飲酒、嚼檳榔。【§43 I（1）】
- 父母、監護人或其他實際照顧兒童及少年之人，應禁止兒童及少年為本法第43條第1項各款行為。【§43 II】
- 任何人均不得供應本法第43條第1項之物質、物品予兒童及少年。

【§43 III】

- 孕婦不得吸菸、酗酒、嚼檳榔、施用毒品、非法施用管制藥品或為其他有害胎兒發育之行為。【§50 I】
- 父母、監護人或其他實際照顧兒童及少年之人，違反本法第43條第2項規定，情節嚴重者，處新臺幣10,000元以上50,000元以下罰鍰。【§91 I】
- 供應酒或檳榔予兒童及少年者，處新臺幣3,000元以上15,000元以下罰鍰。【§91 II】

▶學校衛生法

- 高級中等以下學校，應全面禁菸；並不得供售菸、酒、檳榔及其他有害身心健康之物質。【§24】

▶大眾捷運法

- 於大眾捷運系統禁菸區內吸菸；或於禁止飲食區內飲食，嚼食口香糖或檳榔經勸阻不聽，或隨地吐痰、檳榔汁、檳榔渣，拋棄紙屑、菸蒂、口香糖、瓜果或其皮、核、汁、渣或其他一般廢棄物者，處行為人或駕駛人新臺幣1,500元以上7,500元以下罰鍰。【§50 I（9）】

▶民用航空法

- 於航空站隨地吐痰、檳榔汁、檳榔渣，拋棄紙屑、菸蒂、口香糖、其他廢棄物或於禁菸區吸菸者，處新臺幣5,000元以上25,000元以下罰鍰，航空站經營人並得會同航空警察局強制其離開航空站。【§119-3 I（4）】

檳榔健康捐

$$E_D = \frac{\%\Delta Q^D}{\%\Delta P} = \frac{\text{需求量變動幅度}}{\text{價格變動幅度}}$$

$$\Rightarrow \frac{-20\%}{(P'-100)/[(P'+100)/2]} = -0.5$$（就弧彈性來計算）

$$\Rightarrow P' = 150$$

若稅負可完全轉嫁，欲減少20%檳榔消費量，政府可就每包100元的檳榔課徵50元的健康捐。

資料來源

行政院農業委員會（2001年11月1日），農業政策：加入WTO農民宣導資料（歷史文獻）－檳榔，擷取自行政院農業委員會全球資訊網：http://www.coa.gov.tw/view.php?catid=979。

法務部（2013年10月18日），全國法規資料庫（http://law.moj.gov.tw）。

許義忠（2004），財政學（第1版），臺北：五南圖書出版股份有限公司。

曾巨威（2006年4月12日），欣聞衛生署擬開徵檳榔健康捐，擷取自財團法人國家政策研究基金會國政評論：http://goo.gl/ktPBmu。

曾淑敏、廖安定（2009年10月），輔導檳榔廢園相關措施之政策評估分析，農政與農情（208），57-62。

案例12

聯合行為之規範

針對麥寮、和平等9家民營電廠（IPP）共同串聯，「拒絕」調整與台電公司的購售電費率，影響到發電市場的供需功能，公平會認定為「聯合行為」，重罰9家業者共新臺幣63.2億元，此案不僅創下史上單一案件罰款最高，也是適用新公平法「罰款上限為前一年度營業額10%」的首宗案例。

公平會解釋，購售電費率的結構，分為兩部分，第一是反映電廠投資的固定成本，也就是「容量費率」；第二是反映燃料的變動成本，即「能量費率」。當IPP業者開始商轉後，燃料成本也開始上揚，於是IPP業者要求台電提高能量費率，台電同意修改燃料成本計價條款，同時，當時市場利率與原始簽約時的市場利率差很大，台電主張容量費率也應協商，雙方同意未來進行。可是，當台電準備要與IPP業者協商容量費率時，IPP業者開始透過其組成的協進會，共謀拒絕調整容量費率，並讓協商無法進行。在IPP業者拒調費率下，根據監察院的糾正報告指出，台電的損失保守推估應超過新臺幣70億元。

【摘錄：譚淑珍（2013年3月14日），公平會重罰9家民營電廠63.2億，工商時報。】

問題研討

▶何謂聯合行為？我國公平交易法對聯合行為的規範為何？

▶請再舉出兩個遭公平會裁定屬於業者間聯合行為的案例，並說明公平會在這兩個案例上認定業者間具有聯合行為的具體事證為何。

✧案例12參考答案：

▌聯合行為的涵義

▶公平交易法中對「聯合行為」的詮釋

- 事業以契約、協議或其他方式之合意，與有競爭關係之他事業共同決定商品或服務之價格，或限制數量、技術、產品、設備、交易對象、交易地區等，相互約束事業活動之行為。【公平交易法§7Ⅰ】
- 聯合行為係以事業在同一產銷階段之水準聯合，足以影響生產、商品交易或服務供需之市場功能者為限。【公平交易法§7Ⅱ】
- 關於其他方式之合意係指契約、協議以外之意思聯絡，不問有無法律拘束力，事實上可導致共同行為者。【公平交易法§7Ⅲ】

▌公平交易法對聯合行為的規範

▶聯合行為之禁止及例外

- 事業不得為聯合行為。但有下列情形之一，而有益於整體經濟與公共利益，經申請中央主管機關許可者，不在此限：【公平交易法§14Ⅰ】
  - □為降低成本、改良品質或增進效率，而統一商品規格或型式者。
  - □為提高技術、改良品質、降低成本或增進效率，而共同研究開發商品或市場者。
  - □為促進事業合理經營，而分別作專業發展者。
  - □為確保或促進輸出，而專就國外市場之競爭予以約定者。
  - □為加強貿易效能，而就國外商品之輸入採取共同行為者。

- □ 經濟不景氣期間，商品市場價格低於平均生產成本，致該行業之事業，難以繼續維持或生產過剩，為有計畫適應需求而限制產銷數量、設備或價格之共同行為者。
- □ 為增進中小企業之經營效率，或加強其競爭能力所為之共同行為者。

▶聯合行為許可之附加條件、限制或負擔

- 中央主管機關為聯合行為之許可時，得附加條件或負擔。許可應附期限，其期限不得逾三年；事業如有正當理由，得於期限屆滿前三個月內，以書面向中央主管機關申請延展，其延展期限，每次不得逾三年。【公平交易法§15 I & II】

▶聯合行為許可之撤銷、變更

- 聯合行為經許可後，如因許可事由消滅、經濟情況變更或事業逾越許可之範圍行為者，中央主管機關得廢止許可、變更許可內容、命令停止、改正其行為或採取必要更正措施。【公平交易法§16】

▶聯合行為之登記

- 中央主管機關對於聯合行為之許可、條件、負擔、期限及有關處分，應設置專簿予以登記，並刊載政府公報。【公平交易法§17】

▶違法行為之限期停止、改正及罰則

- 對於違反聯合行為規定之事業：
  - □ 公平交易委員會得限期命其停止、改正其行為或採取必要更正措施，並得處新臺幣50,000元以上2,500萬元以下罰鍰。【公平交易法§41 I】
  - □ 逾期仍不停止、改正其行為或未採取必要更正措施者，公平交易委員會得繼續限期命其停止、改正其行為或採取必要更正措施，並按次連續處新臺幣10萬元以上5,000萬元以下罰鍰，至停止、改正其行為或採取必要更正措施為止。【公平交易法§41 I】
  - □ 經中央主管機關認定有情節重大者，得處該事業上一會計年度銷售金額10%以下罰鍰。【公平交易法§41 II】
  - □ 經中央主管機關依規定限期命其停止、改正其行為或採取必要更正措施，而逾期未停止、改正其行為或未採取必要更正措施，或

停止後再為相同或類似違反行為者，處行為人三年以下有期徒刑、拘役或科或併科新臺幣1億元以下罰金。【公平交易法§35 I】

▸違反聯合行為之「寬恕政策」（⇨窩裡反條款）

• 對於違反聯合行為規定之事業，符合下列情形之一，並經中央主管機關事先同意者，減輕或免除中央主管機關所命之罰鍰處分：【公平交易法§35-1 I】
  - □ 當尚未為中央主管機關知悉或依本法進行調查前，就其所參與之聯合行為，向中央主管機關提出書面檢舉或陳述具體違法，並檢附事證及協助調查。
  - □ 當中央主管機關依本法調查期間，就其所參與之聯合行為，陳述具體違法，並檢附事證及協助調查。

聯合行為遭裁罰之案例

▸油品市場（中油與台塑石化）

案由	公平會經調查後認為中油與台塑石化公司以事先、公開方式傳遞調價資訊之意思聯絡，形成同步、同幅調價之行為，足以影響國內油品市場之價格及供需機能，違反公平交易法第14條第1項聯合行為之禁制規定。
聯合行為之主體要件	我國油品市場已全面自由化，屬可競爭市場。中油與台塑石化公司同為國內汽、柴油批售市場之兩大油品供應商，立於同一產銷階段之水平市場地位，彼此間具有水平競爭關係，符合聯合行為之主體要件。
聯合行為之具體事證	■ 寡占市場業者間有相互依賴之互動關係，故易透過契約、協議形成聯合行為之合意，或利用相關促進作為達成合意之默契。 ■ 符合「促進行為」之間接證據： ▸ 業者透過「預告調價機制」事先釋放價格調整訊息，試探競爭對手反應。當對手不跟進，或是跟進幅度未一致時，調價一方即有機會立刻撤銷原先調價預告或修正調幅，以避免激烈之價格競爭。 ▸ 供油業者的交易對象是加油站業者，雙方尚有舊價折算、月結帳兩次的計價機制，因此業者調整批售價格時，僅須通知旗下加油站業者，或於計價拆帳時折算，而毋須提前、大張旗鼓的揭露調價訊息予競爭對手。此外，油品批售價格係供油商對加油站業者提供油品價格之依據，並非終端之零售價格，因此供油商調漲批售價格時，加油站業者是否自行吸收漲價的成本或如何反映於零售價格，皆屬油品通路下游零售商經營策略考量之範疇，上游供油業者原無對大眾媒體發布調整批售價格訊息之急迫性與必要性，更遑論以提前、公告周知之方式對消費者進行預告。

聯合行為之具體事證	▶ 業者歷次調價均能由媒體平台清楚揭露時點、調整幅度等資訊，利用預告與實施時點一定之時間差，偵測競爭對手反應，甚而透過媒體發布修正調價資訊。對照業者其他產品調價宣布方式，與此均有不同，顯然業者有意透過媒體平台交換資訊。 ▶ 兩家油品供應商的成本結構不同，卻仍在同一時間，以相同幅度調整價格，顯然並非自由競爭市場下各事業獨立決定之競爭行為結果。 ▶ 在原油價格攀升之際，供油商為反映成本而調漲價格本具有風險，惟雙方預先透過在媒體平台預告調價訊息等促進作為，正足以解決寡占協調不穩定之因素，而能有效達成一致性調價。

資料來源：臺北高等行政法院94年度訴字第02390號判決書（2006年11月30日）。

▶鮮乳市場（味全、統一、光泉）

案由	味全、統一、光泉等三家乳品業者於2011年10月聯合調漲鮮乳價格，足以影響國內乳品供需之市場功能，違反公平交易法第14條第1項聯合行為之禁制規定。
產業特性與市場概況	■ 有別於其他乳製加工品及其他調味乳產品，本案之特定市場界定為「國內鮮乳市場」。 ■ 味全、統一與光泉等三家公司之鮮乳市場占有率約為37%、30%、18%，屬於寡占市場結構。 ■ 隨著國內冷熱飲連鎖店、咖啡連鎖店、早餐店快速成長，含乳現調產品有漸增趨勢，致使上游產製業者通路行銷多元，在供給量相對穩定無法擴展之情況下，已不受限於超市、量販店及超商通路，缺奶狀況可長達數月，且國內整體需求並未有明顯降低之勢。 ■ 財團法人中央畜產會於9月5日正式發布調漲生乳收購價格，自10月1日起每公斤調漲1.9元，調漲後之生乳收購價格為冬期（12月至3月）每公斤21.79元、暖期（4、5月及10、11月）27.28元、夏期（6月至9月）29.28元。
聯合行為認定之理論基礎	■ 若排除調價係屬業者出於經濟理性之獨立行動，亦即除非業者有採取聯合行為，否則無法合理解釋一致性之市場現象，則可論證屬聯合行為態樣之一。 ■ 倘未具行為人間意思聯絡之直接證據，而據間接證據可解釋行為人間若無事前之意思聯絡，即無法合理解釋其市場行為，則可推論其間存有意思聯絡。 ■ 在寡占市場中，單一廠商價格調漲具有市場流失之高度風險，業者一般不會輕易為之，先發者除非有相當之把握其競爭對手亦會跟進或者同步調漲，否則不會任意發動；而競爭對手間倘能確信彼此對調漲具有共識，則對其調漲行為具有穩定之效果。
聯合行為之具體事證	■ 三家業者所開出主力商品之參考建議售價相當一致，且調漲額度遠超出生乳收購價增加之成本。

聯合行為之具體事證	■ 三家業者調整各鮮乳品項之建議零售價格，仍彼此間維持住過往之價格階梯，並無偏離價格或出現競爭性價格，亦未有任何一家業者逸脫價格設定區間作出競價。 ■ 三家業者主力品牌各產品之原參考建議售價，以6%～12%調漲設定率計算所有價格後，再反推對照其調漲後之參考建議售價，顯見三家業者調整參考建議售價未訂定有競爭性之價格，且決策調漲設定率具相當之一致性。 ■ 三家業者與下游通路之議價及與實際調價之時點甚為一致。 三家業者一致性調漲鮮乳參考建議售價之行為，應可合理懷疑存有聯合行為之意思聯絡，且三家業者亦無法舉證說明其價格調整係出於市場客觀合理之因素，若無進行調價意思聯絡之事實，實無法合理解釋前述一致性調價行為。

資料來源：行政院公平交易委員會公處字第100204號處分書（2011年10月25日）。

資料來源

法務部（2013年10月18日），全國法規資料庫（http://law.moj.gov.tw）。
譚淑珍（2013年3月14日），公平會重罰9家民營電廠63.2億，工商時報。

案例13

貿易限制與貿易制裁

大陸商務部表示，由於大陸本土排氣量在2.5升以上的小轎車和越野車產業，受到美國進口汽車的「實質損害」，因此自2011年12月15日起，將對原產於美國、排氣量在2.5升以上的進口小轎車和越野車，課徵反傾銷稅和反補貼稅，為期兩年，涉及車輛包括美國通用汽車、克萊斯勒集團、美國本田公司、賓士美國國際公司、BMW美國史帕坦堡工廠。對此，通用、克萊斯勒、本田回應，雙反關稅不會為該公司帶來嚴重影響；賓士則說，目前還無法評估影響。

《華爾街日報》報導稱，雙反關稅上路後，可能讓美國產汽車在大陸市場的售價更昂貴。大陸現有關稅已可讓一輛進口車的價格再增25%或更多。分析師表示，很多車廠不會受到影響，因為它們在大陸銷售的汽車大部分都在本地生產。另外，大陸富人階層不斷擴大，這些人對價格波動並不敏感。

【摘錄：韓化宇（2011年12月16日），中美戰火再起？大陸將對美國車課徵雙反稅，中國時報。】

問題研討

▶何謂傾銷（dumping）？過去臺灣有哪些產業（或產品）曾被外國課徵過反傾銷稅？

▶除了報導中所提到的反傾銷稅和反補貼稅之外，過去全球在國際貿易進行的過程中，還曾經出現過哪些貿易限制或貿易制裁的措施與手段？請舉出實際的案例來說明。

✧案例13參考答案：

▌傾銷（dumping）的意涵

▸一國產品以低於該產品之正常價格銷往另一國，以致該輸入國之同類產品產業遭受實質損害（或有損害之虞或阻礙該產業之建立）的一種不公平貿易行為。

- 所謂正常價格係指
  - □ 輸出國或產製國國內可資比較之銷售價格。
  - □ 輸往適當之第三國可資比較之銷售價格。
  - □ 在原產製國之生產成本加合理之管理、銷售與其他費用及正常利潤之推定價格。

▌反傾銷稅（anti-dumping duty）

▸進口貨物以低於同類貨物之正常價格輸入，致損害我國產業者，除依海關進口稅則徵收關稅外，得另徵適當之反傾銷稅。【關稅法§68 I】

▸課徵反傾銷稅之實體要件

- 進口產品以低於正常價格進入進口國市場。
- 進口國國內產業受到實質損害、有實質損害之虞或實質阻礙進口國國內產業之建立。
- 進口國國內產業所受之損害或有損害之虞，與進口產品傾銷行為間具有因果關係。

▸反傾銷稅之課徵，不得超過進口貨物之傾銷差額。【關稅法§69 II】

▸反傾銷措施近年來常成各國作為進行非關稅貿易保護之工具，各國業者常藉提出反傾銷指控，打擊來自國外之競爭者，即使最後反傾銷控告不成立，也使出口業者疲於奔命，並花費大筆律師費用。

▶被實施反傾銷措施之主要國家及件數排名（1995.1.1～2008.12.31）

排名	國家	被實施反傾銷措施（調查）件數
1	中國	479　（677）
2	南韓	150　（252）
3	臺灣	120　（187）
4	美國	115　（189）
5	日本	106　（144）
6	俄羅斯	90　（109）
7	印度	84　（137）
7	泰國	84　（142）
9	印尼	82　（145）
10	巴西	74　（ 97）
全球總數		2190（3427）

資料來源：經濟部國際貿易局，WTO全球反傾銷案統計，2009。

▶採行反傾銷措施之主要國家及件數排名（1995.1.1～2008.12.31）

排名	國家	實施反傾銷措施（調查）件數
1	印度	386　（564）
2	美國	268　（418）
3	歐盟	258　（391）
4	阿根廷	167　（241）
5	南非	124　（206）
6	土耳其	124　（137）
7	中國	108　（151）
8	加拿大	90　（145）
9	墨西哥	86　（ 95）
10	巴西	81　（170）
⋮	⋮	
29	臺灣	4　（ 13）
全球總數		2190（3427）

資料來源：經濟部國際貿易局，WTO全球反傾銷案統計，2009。

▸各國對我國出口品課徵反傾銷稅案件（節錄）（截至2012.5.17）

國別	課稅中產品	稅則號列（課稅國海關稅號）	反傾銷稅稅率	開始實施時間
印度	■ 聚酯半延伸絲紗（partially oriented yarn）	■ 540242	■ \$461.52／MT	■ 2002.09.12 ■ 2007.07.10 續課5年
印度	■ PVC（Poly Vinyl Chloride）	■ 39042110	■ 台塑、華夏海灣：不課稅 ■ 其他：1119盧比／MT	■ 2008.01.23
印度	■ 熱軋不鏽鋼板材（Hot-Rolled Flate Products of Stain-less Steel）	■ 721911至721914 ■ 721921至721924 ■ 722011、722012	■ 燁聯：432.44美元／噸 ■ 其他：683.95美元／噸	■ 2011.11.25 開始課稅
印度	■ 可燒錄式光碟片（CD-Rs）	■ 85239050	■ \$0.061/Piece	■ 2007.06.29 ■ 2011.10.24 落日複查
美國	■ 聚酯棉（polyester staple fiber）	■ 5503.20.00 ■ （5503.20.0045） ■ （5503.20.0065）	■ 遠東：1.97% ■ 南亞：5.77% ■ 其他：7.53%	■ 2000.05.25 ■ 2006.04.03 續課5年 ■ 2011.09.30 續課5年
美國	■ 熱軋碳鋼產品（certain hot-rolled carbon steel flat products）	■ 7208.10.15.00等54項	■ 安鋒：29.14% ■ 中鋼／燁隆：29.14% ■ 其他：20.28%	■ 2001.11.29 ■ 2007.12.27 續課5年
美國	■ 碳鋼管配件（carbon steel butt-weld pipe fitting）	■ 7307.93.3000	■ Rigid：6.84% ■ C.M.：8.57% ■ Gei Bay：87.30% ■ Chup Hsin：87.30% ■ All Others：49.46%	■ 1986.12.17 ■ 2005.11.21 續課5年 ■ 2012.02.02 續課5年
歐盟	■ 聚對苯二甲酸乙烯酯（Polyethylene terephthalate, PET，黏度係數78ml/g或以上）	■ CN code 3907.60.20 ■ （TARIC additional code A808, A809, A999）	■ 遠東新世紀：36.3歐元／噸（傾銷差額3.5%） ■ 新光合成纖維：67歐元／噸（傾銷差額6.5%） ■ 其他廠商：143.4歐元／噸	■ 2000.10.10 ■ 2007.02.27 落日複查，終判續課5年 ■ 2012.2.24 落日複查

國別	課稅中產品	稅則號列（課稅國海關稅號）	反傾銷稅稅率	開始實施時間
歐盟	■ 不鏽鋼螺絲螺帽（Stainless steel fasteners and parts thereof）	■ CN codes 7318.12.10、7318.14.10、7318.15.30、7318.15.51、7318.15.61、7318.15.70	■ 艾諾：15.2% ■ 竣鑫：8.8% ■ 明微：16.1% ■ 東微：16.1% ■ 億太昇：11.4% ■ 未被抽樣但表示合作廠商：15.8% ■ 其他廠商：23.6%	■ 2005.11.20 開始課稅（2010.11.19 屆滿） ■ 2012.01.04 落日複查終判（續採反傾銷措施）
中國	■ 丙酮（Acetone）	■ 29141100	■ 臺灣化纖：6.2% ■ 信昌：6.5% ■ 其他稅率：51.6%	■ 2008.06.09 開始課稅
韓國	■ 聚酯半延伸絲（partially oriented yarn）	■ 5402.46.0000	■ 新纖：2.97% ■ 其他：6.26%	■ 2009.01.21 ■ 2011.09.23 落日複查
日本	■ 聚酯棉（polyester staple fibers, PSF）	■ 550320	■ 10.3%	■ 2002.07.26 ■ 2007.06.17 續課5年
印尼	■ 聚酯纖維棉（Polyster Staple Fibre）	■ 5503200000	■ 28.47%	■ 2010.11.23 開始課稅
泰國	■ 熱軋鋼扁軋製品（flat hot-rolled steel in coils and not in coils）	■ 7208 ■ 721113 ■ 721114 ■ 721119	■ 中鋼及燁隆：3.45% ■ 其他：25.15%	■ 2003.05.27 ■ 2009.05.23 續課5年

資料來源：經濟部國際貿易局，各國對我出口品課徵反傾銷稅及展開調查案件統計，2012。

貿易限制（制裁）措施

▶反傾銷稅（anti-dumping duty）

- 進口貨物以低於同類貨物之正常價格輸入，致損害我國產業者，除依海關進口稅則徵收關稅外，得另徵適當之反傾銷稅。【關稅法§68 I】

▶平衡稅（countervailing duty）⇨ 反補貼稅

- 進口貨物在輸出或產製國家之製造、生產、銷售、運輸過程，直接或間接領受財務補助或其他形式之補貼，致損害我國產業者，除依海關進口稅則徵收關稅外，得另徵適當之平衡稅。【關稅法§67】

▶報復性關稅（retaliatory duty）

• 輸入國家對我國輸出之貨物或運輸工具所裝載之貨物，給予差別待遇，使我國貨物或運輸工具所裝載之貨物較其他國家在該國市場處於不利情況者，該國輸出之貨物或運輸工具所裝載之貨物，運入我國時，除依海關進口稅則徵收關稅外，財政部得決定另徵適當之報復關稅。【關稅法§70 I】

▶進口救濟（import relief）或特別防衛措施（special safeguard measures）

• 依貿易法採取進口救濟或依國際協定採取特別防衛措施者，得分別對特定進口貨物提高關稅、設定關稅配額或徵收額外關稅。【關稅法§72 I】
  - □ 例如：我國針對檳榔進口所實施的特別防衛措施（行政院農業委員會，2001）
    - ➢當一定期間內累計進口量超過基準數量或進口價格較基準價格低10%以上，則可對進口檳榔產品課徵額外關稅（加徵三分之一關稅）。

▶貿易管制

• 實施進口配額

• 實施自動出口設限（voluntary export restraint, VER）

• 發行進口許可證

• 規定嚴苛的進口技術標準（如：衛生檢疫條件、綠色環保要求等）
  - □ 日本實施的「品種檢疫」措施（1999.12.31廢止）
  - □ 歐盟與美國可能採取的碳貿易限制【如：碳關稅（Carbon tariff）等】

• 歧視性採購與租稅政策

• 貿易抵制與禁運措施

▍相關報導（節錄）：美國鋼鐵關稅壁壘引發全球貿易衝突（工商時報，社論－全球貿易大戰警報解除與隱憂，2003；王莫昀，2003；邱祥榮，2003）

▶貿易衝突緣由 ⇨ 美國對進口鋼鐵產品採取防衛措施

- 全球各地鋼鐵產品大量流入美國，嚴重影響美國國內鋼鐵產業及從業員工生存。
- 1997～2002年間已有逾四十家鋼鐵廠商因為無法與進口產品競爭而倒閉。
- 在鋼鐵業者與龐大鋼鐵業工人的請求與施壓下，2002年3月美國政府決定對來自歐盟、日本、中國、南韓、瑞士、挪威、紐西蘭、巴西等八個經濟體的十大類進口鋼鐵產品採取防衛措施，課徵30%額外關稅。【⇨「鋼鐵201防衛措施」】

▶貿易衝突的折衝與妥協

- 歐盟等經濟體透過世界貿易組織（WTO）爭端解決機制指控美國違反貿易規範。
- 來自歐、日、大陸的報復威脅
  - □ 歐盟揚言將對美國進口產品進行報復，規模高達22億美元。
  - □ 日本聲稱將對價值8,520萬美元的美國商品（如服飾、塑膠、汽油等）進行報復。
  - □ 即使雙邊貿易量極其有限的挪威亦表示將對美國產品課徵30%進口關稅以為報復。
  - □ 中國大陸除了鋼鐵產品之外，遭到美國指控的外銷商品尚包括針織布、胸罩、彩色電視機等，中美貿易戰爭原本一觸即發。
- 鋼鐵消費產業的反彈
  - □ 包括汽車、電器等主要鋼鐵產品消費產業一再以下游消費產業多達1,300萬名工人名義向政府施壓，敦促提早結束進口限制。
- 政治考量 ⇨ 貿易糾紛讓步
  - □ 美國出兵伊拉克、阿富汗及隨之而來的秩序維持與重建問題，以及國際反恐運動等，迫切需要歐盟、中國、日本等國際社會重要成員支持，故必須在貿易衝突中作出讓步。

▶貿易衝突的解決

- WTO爭端解決上訴機構在2003年11月10日宣告美國「鋼鐵201防衛措施」案違反關稅暨貿易總協定（GATT 1994）及WTO防衛協定等相關規定，並建議美國修正該違法措施。
- 美國宣布自2003年12月5日起終止自2002年3月起計畫實施三年的「鋼鐵201防衛措施」。
- 美國同時提出加強進口許可及反傾銷監控等配套措施，並將繼續與各貿易夥伴諮商OECD鋼鐵補貼協定，以嚴格規定各國政府對鋼鐵業的補貼行為。

資料來源

工商時報（2003年12月6日），社論－全球貿易大戰警報解除與隱憂。

中華民國紡織業拓展會（2001），我國及中國大陸加入WTO後對我國紡織品貿易之影響，經濟部國際貿易局九十年度專案研究計畫（90MOEABOT007）。

王莫昀（2003年12月6日），美國解禁我輸美鋼鐵量可望回穩，工商時報。

行政院農業委員會（2001年11月1日），農業政策：加入WTO農民宣導資料（歷史文獻）－檳榔，擷取自行政院農業委員會全球資訊網：http://www.coa.gov.tw/view.php?catid=979。

法務部（2013年10月18日），全國法規資料庫（http://law.moj.gov.tw）。

邱祥榮（2003年12月6日），布希與鋼稅壁壘，擷取自中時新聞專輯：【Decision 2004】－總統大選暨公投特別報導：http://goo.gl/xi0XCA。

經濟部國際貿易局（2001），日本限制蘋果等農產品進口案（WT/DS76）。

經濟部國際貿易局（2004），美國反傾銷法之簡介。

經濟部國際貿易局（2009），WTO全球反傾銷案統計（1995.1.1~2008.12.31）。

經濟部國際貿易局（2012），各國對我出口品課徵反傾銷稅及展開調查案件統計（2012.5.17）。

韓化宇（2011年12月16日），中美戰火再起？大陸將對美國車課徵雙反稅，中國時報。

蘇怡婷（2008年11月7日），歐美碳貿易限制趨勢之影響及臺灣因應之道，WTO電子報（137），擷取自中華經濟研究院臺灣WTO中心：http://goo.gl/Fwxiuj。

案例14

生質能源與糧食

2006年7月至2007年7月間，牛乳價格上漲約21%，濃縮柳橙汁的價格上漲31%，而這段期間因為較高的油價，亦使得酒精（乙醇）的需求增加。由於酒精（乙醇）是用玉米來生產，玉米價格的提高也連帶造成麵包、雞肉、乳酪以及加入乳酪的速食等產品的價格上揚。此外，中國與印度民眾因為變得更富有，使得他們少吃米飯和豆腐，而多吃牛肉和雞肉，這也是造成美國食物價格上揚的原因之一。

【摘譯：《今日美國》（USA Today）報導，2007年9月6日。】

問題研討

- 解釋為何酒精（乙醇）需求增加會造成玉米價格上揚。
- 利用供需圖形說明為何玉米價格上揚會影響牛乳和乳酪的價格。
- 解釋為何當中國與印度民眾因為變得更富有並且食用更多的牛肉和雞肉之後，會造成美國的食物價格上漲。

✧案例14參考答案：

酒精（乙醇）需求變動對玉米價格的影響

- 由於玉米可用來生產酒精（乙醇），而當酒精（乙醇）需求增加造成酒精（乙醇）均衡數量（交易量）提高時，代表需要使用更多的玉米來生產酒精（乙醇），玉米需求便會增加，因此造成玉米價格上揚。

玉米價格波動對牛乳和乳酪價格的影響

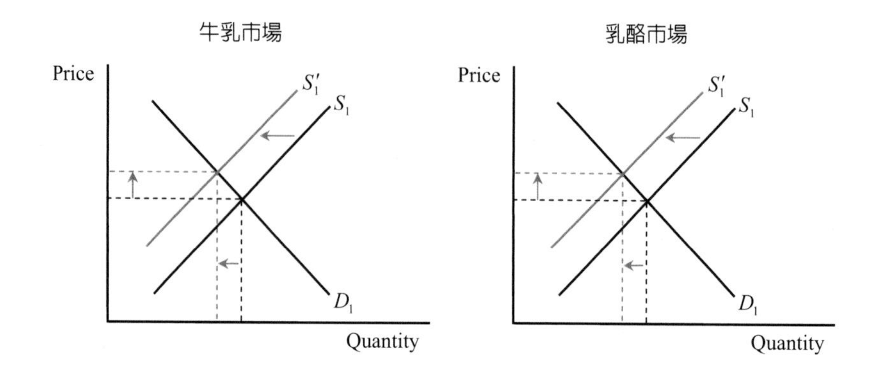

▸由於玉米是乳牛的主要飼料，玉米價格上揚會使得乳牛畜養業者的生產成本提高，導致牛乳的供給減少、牛乳的供給曲線左移（如上左圖所示），造成牛乳的價格上漲。另外，由於牛乳是生產乳酪的原料，牛乳價格上揚會使得乳酪生產業者的生產成本提高，導致乳酪的供給減少、乳酪的供給曲線左移（如上右圖所示），造成乳酪的價格上漲。

美國食物價格上揚的原因

▸隨著越來越多的玉米等作物用於酒精（乙醇）的生產，使得作為食品加工的作物數量逐漸減少；另外，當中國與印度的民眾變得更富有而對牛肉和雞肉的需求增加時，意味著會有更多的牛肉和雞肉從美國出口到這兩個國家。這些因素都將造成美國國內的食物供給減少，食物價格自然就會上漲。

相關報導（節錄）

▸酒精燃料對全球食品供應的影響（楊偉華，2007）

- 在美國，酒精燃料已經成為政府試圖解決能源短缺的主要策略。在南美洲的巴西，乙醇燃料從1930年代開始就已成為該國解決能源匱乏問題的砝碼。在中國，持續膨脹的經濟規模、落後的能源利用率和眾多的人口加在一起，造成能源供需失衡。官方也不得不開始考慮替代能源的開發，乙醇燃料是其中之一。儘管酒精的生產可以幫助包括美國在內的許多國家減少對石油的依賴，但是隨著越來越多玉米用於乙醇生產，玉米用於食品加工的數量就會減少，這會連帶產生一系列出人意料的問題。

- 玉米是美國農業中的重要作物，它是早餐和烘焙食品的主要原料。從玉米中提煉的糖漿則用於生產如糖果、薯片和碳酸飲料等居家食品。更重要的是，玉米是牛、豬、和家禽等人類食物的主要飼料來源。近期愛荷華州立大學（Iowa State University）的農業和鄉村發展中心（Center for Agricultural and Rural Development）所作的研究顯示，到2012年，美國乙醇生產將用去一半以上的美國玉米、小麥和粗糧，導致食品緊缺和價格上漲。根據這項研究估計，目前乙醇生產已經使得食品價格升高，相當於每人每年增加了47美元的消費支出。
- 種植更多玉米是一個解決方法，但是這麼做意味著其他常用製造食品的作物，如黃豆和小麥等的種植就會減少。開墾土地可以種植更多玉米，但這可能導致水土流失和影響野生動物的生態環境。根據2006年12月國際食品政策研究院（International Food Policy Research Institute）的報告，要為全人類所有汽車生產足夠的酒精燃料，則需要現在所種植玉米的5倍或現在所種植甘蔗的15倍。那麼，人類是否能承擔得起這樣的重負？
- 由於酒精燃料的生產是把腦筋動到人類賴以生存的糧食之上，比如玉米，那麼問題就會變得敏感和嚴重。換句話說，當酒精燃料的生產成為各國能源政策時，汽車的「食物」和人類的食物成為一致，那麼汽車是否會和人類爭奪「口糧」就是一個不得不令人類關注的問題，因為這關係到人類本身的生存和發展。

資料來源

楊偉華（2007年7月），酒精燃料對全球食品供應的影響，新紀元周刊（27），擷取自http://www.epochweekly.com/b5/029/3357.htm。

案例15

M型社會

日本學者大前研一在其著作《M型社會》一書中提到，日本在1990年代就已經進入「長期衰退期」，但是日本政府卻未認清這個事實，將經濟的低迷誤認為是泡沫經濟崩毀，是景氣的問題，因此企圖利用發行公債刺激景氣，為企業紓困，結果造成政府財政歲出擴大，而這些龐大的債務，將來都必須由全國人民買單。另外，書中亦提到，日本在1990年代進入「長期衰退期」之後，日本的社會結構產生了「所得階層兩極化」，以及伴隨而至「中產階層社會崩潰」的現象，亦即日本社會中所得階層的分布逐漸往低層級和上層級之上下兩極移動，邁向左右兩端高峰、中間低落的「M型社會」。

問題研討

- 請試著從該書中找出作者歸納出日本經濟陷入長期衰退的原因。
- 請試著從該書中找出作者認為日本走向M型社會的證據。
- 大前研一過去曾在接受臺灣媒體訪問時表示，臺灣已出現步入M型社會的徵兆。請根據相關報導或統計數據說明臺灣走向M型社會的各項事證。

✧案例15參考答案：

▍日本經濟陷入長期衰退的原因（劉錦秀、江裕真，2006）

▶作者認為經濟陷入長期衰退的根本原因在於太遲轉換進入1985年即開始的「新經濟」跑道了！而這塊看不到的新經濟大陸涵蓋了四個空間：第一是延續舊世界的「實體經濟」空間；第二是金流、資訊流可以穿越國境自由流通的「無國界經濟」空間；第三是由包含網際網路在內的各種通訊技術所產生的「數位經濟（Cyber Economic）」空間；第四則是以自己資金之百倍、千倍之倍數（multiple）資金流動的「倍數經濟」空間。

▶作者認為進入1980年代之後，日本的地價狂飆、股價勁揚，接著面臨泡沫經濟破滅，其實這一切全都是「新經濟」作用所造成。泡沫經濟破滅後，許多企業都陷入危機之中，但大部分的日本企業還是能夠在無國界化、數位化之後，一邊應對呈現倍數化的金錢流動，一邊轉戰世界各地。但是日本的政治、行政卻仍然停留在對舊世界的認識，把經濟的低迷誤認為是泡沫經濟崩毀、是景氣的問題，於是企圖利用發行公債刺激景氣，為企業紓困，結果中央和地方就共同製造了超過1,000兆日圓的債務，並讓年金制度陷入危機。

▶在世界經濟急遽變化之際，政府提不出中止經濟陷入長期衰退的對策，反而讓傷口持續擴大，對日本而言無疑是一大重創。

▍日本走向M型社會的證據（劉錦秀、江裕真，2006）

▶非正式員工增加

- 因裁員等因素使得正式員工減少，而派遣員工、自由業等非正式員工增加，相較於正式員工，非正式員工所得較低，隨著非正式員工的增加，造成正式員工與非正式員工之間的薪資等級落差擴大。

▶產業之間的所得差距擴大

- 就產業別而言，大眾傳媒、金融、保險、證券，以及建築、不動產等產業的員工平均年收入較高；至於電氣、瓦斯、紙漿，以及玻璃、土石、橡膠等產業的員工平均年收入則較低。另外，即便在相同產業中，不同企業之間的員工薪資差距也愈來愈大。因此，同時期投入職場的勞動者會因為所選擇進入的產業不同，在公司服務20年之後，薪資差距可達2.5倍，若再將企業之間的薪資差距納入計算，實質所得差距甚至可達5倍以上。

▶年功序列主義崩潰、倍數經濟效益持續發酵

- 企業導入成果主義，並廢除終生雇用制度，顛覆過去靠年資升職、加薪的年功序列認知。由年功賃金（按資歷調薪俸）曲線的鈍化，即可得知社會中低階層所得者的比例增加。相反地，在新經濟時代裡，只要企業掌握「令人期待的未來」，便能使得企業的價值與收益呈現倍數擴增。隨著倍數經濟的持續發酵，不僅擠進富裕階層要比過去容易多了，而且高所得階層者財富累積的速度也愈來愈快。

臺灣步入M型社會的各項事證

▶貧富差距擴大

- 家庭可支配所得最高前20%，與最低後20%相比，差距從1980年最低的4.17倍，擴大到2012年的6.13倍。（陳錚詒，國富調查解密　臺灣貧富惡化根源，2013）
- 根據2011年綜所稅統計，臺灣前5%家庭的平均年所得463.5萬元，是後5%家庭所得的96.5倍，所得差距續創歷史新高。（于國欽，編輯室報告－誠實面對貧富差距，2013）

▶經濟成長的果實　流向富人

- 以2007年而言，GDP分配到受僱人員報酬的比例降至44.5%，已低於1998年的48.4%，GDP分配到企業盈餘的比例同一期間卻由33.9%升至36.9%，這說明領薪水過日子的人確實難以分享成長的果實，只有企業大股東及分紅者，才能嘗到成長的喜悅。【就2007年而言，臺灣

的GDP成長6.03%，但工資僅成長1.77%。】（于國欽，GDP成長　為何就業薪資跟不上？，2009）

- 根據GDP結構變化，受僱人員的報酬占比一路下滑至46.3%，不到GDP一半。國庫也沒分到甜頭，間接稅的占比，從1990年的9.9%，下降到2011年的6.4%。反觀固定資本消耗與營業盈餘兩者合計，卻由38.4%上升至49.2%。這代表經濟成長的成果，大部分流向企業主與股東。（陳竫詒，國富調查解密　臺灣貧富惡化根源，2013）

▶產業升級轉型步調緩慢

- 臺灣的產業發展無法擺脫以代工、製造為主的模式，淪入利潤微薄，無法提升附加價值，只知壓低成本的惡性循環。（中國時報，社論－衝競爭力　結構性改革已無可避免，2013）
- 臺灣在全球化生產鏈裡，一直處於代工的地位，代工模式使得臺灣不少電子、資訊產品的產量雖在全球名列前茅，但所創造的附加價值（value added）卻日益微薄。附加價值最終是要分配給各生產要素的，其愈微薄則分配給受僱人員的薪資就不可能提高。（工商時報，社論－評析臺灣薪資變化的三個十年，2012）

▶全球化影響下人力派遣逐漸取代企業長期雇用制度

- 在全球化競爭環境下，企業為壓低生產成本，紛紛採取海外生產模式。
- 隨著企業對本國人力需求逐年減少，原來的長期雇用制度便逐漸被臨時雇用及人力派遣取而代之，造成低薪資人數逐年增加。（于國欽，中研院院士：全球化，低薪時勢所趨，2011）

資料來源

于國欽（2009年10月12日），GDP成長 為何就業薪資跟不上？工商時報。

于國欽（2011年5月22日），中研院院士：全球化，低薪時勢所趨，工商時報。

于國欽（2013年6月11日），編輯室報告－誠實面對貧富差距，工商時報。

工商時報（2012年10月15日），社論－評析臺灣薪資變化的三個十年。

中國時報（2013年6月5日），社論－衝競爭力 結構性改革已無可避免。

陳竫詒（2013年10月），國富調查解密 臺灣貧富惡化根源，天下雜誌（533）。

劉錦秀、江裕真（合譯）（2006），M型社會－中產階級消失的危機與商機（大前研一原著，ロウアーミドルの衝撃），臺北：商周出版（城邦文化事業股份有限公司）。

案例16

兩岸經濟合作架構協議（ECFA）

兩岸已於2010年6月29日完成洽簽經濟合作架構協議（Economic Cooperation Framework Agreement, ECFA），其中早期收穫（Early Harvest）係針對雙方最急迫且獲有共識的貨品與服務業，儘速進行關稅減免與市場開放。

問題研討

- 試根據相關報導或統計數據說明早期收穫清單（自2011年1月1日生效起至2011年12月底為止）中，我方受惠產業或廠商所享受到的效益。

✧案例16參考答案：

ECFA早期收穫計畫我方要求清單（陸方降稅）

產業	次產業	項數	2009臺灣出口至大陸金額（百萬美元）	占臺灣出口至大陸總額比重（%）
石化	基本原料、特用化學品、塑膠原料、塑膠製品	88	5,944.08	6.93
機械	工具機、產業機械、其他機械、機械零組件	107	1,143.39	1.33
紡織	中上游（紗、線、布）、下游紡織品、紡織製品、鞋類	136	1,588.34	1.85
運輸工具	汽車零組件、自行車及其零組件	50	148.44	0.18
其他	鋼鐵、水泥、染顏料、運動器材、醫材、儀器、模具、金屬製品、玻纖、橡膠、漆、電子、電機、小家電	140	4,997.21	5.84
農產品	切花、水果、漁產品	18	16.08	0.02
總計		539	13,837.54	16.14

資料來源：經濟部工業局，「兩岸經濟協議（ECFA）貨品早期收穫計畫」簡報，2010；經濟部國際貿易局，「兩岸經濟合作架構協議（ECFA）對臺灣產業的影響及因應措施」簡報，2010。

ECFA早期收穫計畫陸方要求清單（我方降稅）

產業	次產業	項數	2009大陸出口至臺灣金額（百萬美元）	占大陸出口至臺灣總額比重（%）
石化	基本原料、特用化學品、塑膠原料、塑膠製品	42	328.69	1.21
機械	工具機、產業機械、其他機械、機械零組件	69	473.97	1.75
紡織	紡織中上游、下游	22	124.24	0.46
運輸工具	自行車及其零件、嬰兒車	17	408.94	1.51
其他	化學品、染顏料、運動器材、儀器、模具、卑金屬製品、手工具、橡膠、電子、電機、玻璃、遊樂設備、雜項製品	117	1,521.92	5.61
總計		267	2,857.64	10.53

資料來源：經濟部工業局，「兩岸經濟協議（ECFA）貨品早期收穫計畫」簡報，2010；經濟部國際貿易局，「兩岸經濟合作架構協議（ECFA）對臺灣產業的影響及因應措施」簡報，2010。

ECFA早期收穫計畫雙方要求清單項目及金額比較

臺灣要求清單（陸方降稅）			陸方要求清單（我方降稅）		
主要產業	項數	2009臺灣出口至大陸金額（百萬美元）	主要產業	項數	2009大陸出口至臺灣金額（百萬美元）
石化產業	88	5,944.08	石化產業	42	328.69
紡織產業	136	1,588.34	紡織產業	22	124.24
機械產業	107	1,143.39	機械產業	69	473.97
運輸工具	50	148.44	運輸工具	17	408.94
其他產業	140	4,997.21	其他產業	117	1,521.92
農業	18	16.08			
總計	539	13,837.54	總計	267	2,857.64

資料來源：經濟部工業局，「兩岸經濟協議（ECFA）貨品早期收穫計畫」簡報，2010；經濟部國際貿易局，「兩岸經濟合作架構協議（ECFA）對臺灣產業的影響及因應措施」簡報，2010。

ECFA早期收穫計畫農產品關稅調降期程與實施後之效益

我方關切之農產品		稅率（%）				臺灣出口至大陸		
品項	產地	2010	2011	2012	2013	2010年1～9月金額（千美元）	2011年1～9月金額（千美元）	成長率（%）
文心蘭切花	臺中市、臺南市、嘉義縣	10	5	0	0	5.00	26.50	430.00
金針菇（生鮮或冷藏）	臺中市、彰化縣	13				0.00	56.10	---
香蕉（鮮或乾，包括芭蕉）	南投縣、嘉義縣、高雄市、屏東縣	10				1,242.30	874.00	-29.65
橙（鮮或乾）	南投縣、雲林縣、嘉義縣、臺南市	11				890.80	176.30	-80.21
檸檬及萊姆（鮮或乾）	高雄市、屏東縣	11				8.60	0.50	-94.19
鮮密瓜	雲林縣、嘉義縣、臺南市	12				1.00	14.50	1,350.00
茶葉（含6個稅項）	臺北市、新北市、桃園縣、新竹縣、苗栗縣、南投縣、嘉義縣、高雄市、花蓮縣、宜蘭縣	15				4,588.40	6,953.00	51.53
石斑魚（活魚）	臺南市、高雄市、屏東縣	10.5				9,731.60	72,521.60	645.22
秋刀魚（凍魚）	高雄市	10				271.90	2,782.90	923.50
虱目魚（凍魚）	雲林縣、嘉義縣、臺南市、高雄市	10				2.90	139.00	4,693.10
鮮紅龍果（火龍果）	南投縣、彰化縣、臺南市、高雄市、屏東縣	20	10	5	0	0.00	6.40	---
生鮮鱉（甲魚）蛋	彰化縣、雲林縣、高雄市、屏東縣	20				2,914.70	3,548.60	21.75
合計						19,657.20	87,099.40	343.09

資料來源：

- 行政院農業委員會，現有報表查詢－臺灣農產品進（出）口量值當年與前一年比較，2011。
- 行政院農業委員會，進出口量值動態查詢－特定貨品代碼各國進出口資料統計，2011。
- 經濟部國際貿易局，兩岸經濟合作架構協議（ECFA）簡介及答客問，2010。
- 「財政部發布ECFA早收清單大陸方面減讓降稅稅號對照臺灣方面稅號2011年版（含PSR）」電子檔，2011。

ECFA早期收穫計畫初步成效（經濟部國際貿易局，即時新聞－ECFA早期收穫計畫已顯成效，2011）

▶2011年上半年（1～6月）

- ECFA為臺灣廠商節省關稅已逾5,000萬美元
- 工具機及農產品出口暢旺
- 我國廠商擴大運用早期收穫計畫
- 外商積極來臺投資、臺商回臺投資創高峰
- 國內就業大幅成長、失業率創新低

ECFA早期收穫計畫我方受惠產業（廠商）案例

▶亞獵士科技（ALEX GLOBAL TECHNOLOGY）（中央社，翻滾吧輪圈ECFA效應大，2011）

- 全球產量最大自行車鋁合金輪圈供應商（座落臺南市山上區）。
- 跨入鍛造汽卡車輪圈領域，目前有全台最大的鍛造機，可鍛造一體成形汽卡車鋁輪圈。
- 亞獵士所生產的「非機動腳踏車輪圈及輻條」，名列ECFA早收清單之一，已申請到原產地證明，輸陸關稅2011年起由12%大幅降至5%，2012年之後降為零。
- 至2011年8月底止，對大陸營收為前一年同期的3倍，預估2011年可節省稅額新臺幣4,000萬元。
- 為了拓展大陸市場，亞獵士已在大陸各省成立36家經銷據點，行銷自行車零件；也成立8個省辦事處，行銷鍛造汽卡車輪圈。
- 根留臺灣，持續擴大資本設備支出及擴大徵才，並設立行銷和研發中心。

▶臺南學甲虱目魚契作（賴寧寧，2011）

- 中國國台辦副主任鄭立中與學甲漁民座談，並開啟兩岸第一宗虱目魚契作。首宗契作漁戶共100戶。

- 首宗契作係每台斤虱目魚以高於市價10元來購買，漁民收益可獲得保障（免受供需失衡造成價格崩跌之苦）。
- 首宗虱目魚契作係由學甲食品出口，並由國台辦所安排的上海水產集團進口。契作費用加計運費等合計約1億8,000萬元。
- 臺南學甲首宗虱目魚契作大事紀
  - □ 2010.08.23 國台辦副主任與學甲漁民座談
  - □ 2011.03.11 兩岸首宗虱目魚契作說明會
  - □ 2011.03.28 陸續簽約、買家支付訂金
  - □ 2011.08.04 契作開始收成、漁民陸續收到尾款
  - □ 2011.08.25 第一個虱目魚貨櫃啟運
  - □ 2011.09.28 上海購物節、虱目魚正式開賣

體檢19大項產業ECFA成績－臺灣產業出口中國表現（吳和懋，2011）

▶優等生產業（減稅是錦上添花）

產業	2011年平均關稅降幅（%）	2011年金額（億美元）	2011年成長率（%）	'06～'08年複合成長率（%）	輸出中國情況
非金屬礦物	5.3	3.8	130.1	25.0	主項目為面板上游元件玻璃基板，隱憂是外資的玻璃基板未來可能到中國擴廠。
機械設備	4.7	14.7	50.3	2.8	臺灣工具機附加價值高，但要擺脫中國當地低成本競爭，得加強研發趕上日、德的精密度。
電腦、電子產品及光學製品	8.8	3.4	41.1	16.5	以光學產品為主，訂單多來自臺灣協力廠，臺灣技術遠遠超前。
汽車零件	4.7	0.7	38.9	-41.4	東南亞、印度、中國零件成本低廉，臺灣若要追求差異化，應向高階電子零件發展。
其他運輸工具	7.7	0.8	36.8	18.1	主要為自行車零件，比中國低階對手更具競爭力，可填補中國高階市場的空缺。

產業	2011年平均關稅降幅（%）	2011年金額（億美元）	2011年成長率（%）	'06～'08年複合成長率（%）	輸出中國情況
橡膠製品	7.8	0.2	34.2	3.8	以自行車、小客車輪胎為主，中國市場需求高，但中國、東南亞有低價優勢，須提高附加價值。
紡織業	5.2	11.1	6.7	-1.7	主攻高機能、節能減碳的布料市場，中國訂單主要來自大陸的歐美廠商加工再出口。

▶中等生產業（減稅有助爭取轉型時間）

產業	2011年平均關稅降幅（%）	2011年金額（億美元）	2011年成長率（%）	'06～'08年複合成長率（%）	輸出中國情況
農產品	7.8	0.1	52.9	-4.9	如何以銷售策略打開國外市場新需求，才是贏得訂單的最後關鍵。
成衣及服飾品	7.9	0.2	16.5	12.0	成衣製品技術門檻低，關稅減讓對延緩衰退有正面效果，卻不足以抵擋新興市場低價攻勢。
化學材料	2.1	31.5	13.7	44.4	上游原料價格飆漲，加上六輕停產，第一年降稅效果有限，效果要第二年才明顯。
基本金屬	3.1	15.6	10.5	12.0	主力為鋼鐵製品，中國產能快速擴充，進口替代明顯，因此出口衰退。
化學製品	3.4	4.4	10.2	4.3	與橡膠、輪胎相關的顏料與黏著劑成長率較高，反映中國汽車業的市場需求。
金屬製品	3.4	4.6	8.9	5.4	產品成熟，但要對抗中國的低成本優勢，必須提升技術層次、著重產品創新。
塑膠製品	2.9	13.9	8.8	12.9	主要為光學零組件原料、化纖紡織原料帶動成長，一般塑膠製品附加價值低，利潤較少。
其他製造業	8.0	0.7	7.9	-9.7	高爾夫球用品、健身器材為主，附加價值高。但大陸代工成本低，長期應朝研發或開創品牌。

▶後段班產業（降關稅還是賣不好）

產業	2011年平均關稅降幅（%）	2011年金額（億美元）	2011年成長率（%）	'06～'08年複合成長率（%）	輸出中國情況
石油及煤製品	1.8	3.8	-0.8	67.9	上游石化工業受制原物料價格與南韓競爭而出口衰退，未來應以追求高質化、自給自足為目標。
皮革、毛皮製品	8.7	0.1	-6.4	-9.7	皮箱、皮鞋產值小、利潤低，為敏感性傳統產業，關稅減免可降低成本、延緩衰退。
電力設備	7.1	6.2	-13.5	8.3	產業外移大陸、南韓競爭是衰退主因，品項中產值最大的鋰離子電池衰退七成。
電子零組件	3.7	2.8	-16.4	778.1	電子零組件的印刷電路板大幅衰退，原因是歐美消費衰退，筆電產品需求大減。

資料來源

中央社（2011年9月8日），翻滾吧輪圈ECFA效應大。

行政院農業委員會（2011），現有報表查詢－臺灣農產品進（出）口量值當年與前一年比較。

行政院農業委員會（2011），進出口量值動態查詢－特定貨品代碼各國進出口資料統計。

吳和懋（2011），539項早收清單總體檢－南韓急起直追 ECFA優勢剩3年，商業周刊（1249），166-170。

財政部（2011），「財政部發布ECFA早收清單大陸方面減讓降稅稅號對照臺灣方面稅號2011年版（含PSR）」電子檔。

經濟部工業局（2010年7月20日），「兩岸經濟協議（ECFA）貨品早期收穫計畫」簡報。

經濟部國際貿易局（2010年7月20日），「兩岸經濟合作架構協議（ECFA）對臺灣產業的影響及因應措施」簡報。

經濟部國際貿易局（2010年8月），兩岸經濟合作架構協議（ECFA）簡介及答客問。

賴寧寧（2011），阿共銀彈虱目魚－429天追蹤 中國錢進臺南學甲．內幕紀實，商業周刊（1249），122-136。

案例17

中國大陸經濟發展

日本內閣府2月14日上午發布的經濟資料顯示，日本2010年名義GDP總值約為5.474萬億美元，低於中國同年的5.879萬億美元。中國已正式超過日本、成為僅次於美國的全球第二大經濟體。在此之前，日本穩坐世界經濟「第二把交椅」長達42年。

2002年中國「十六大」召開時，中國政府提出2020年GDP從2000年的1萬億美元上升至4萬億美元，而現在這個目標提前了10年實現。有專家預測，按照目前的發展速度，中國經濟規模有望在十年內超越美國，屆時中國將成為全球第一大經濟體。《日本經濟新聞》稱，中國GDP超過日本躍升為世界第二的2010年可視作世界經濟的歷史性轉捩點，標誌著世界重心開始從以美國為代表的發達國家向擁有巨大成長潛力的中國等新興國家轉移。

【摘錄：林倩婭、舛友雄大（2011年2月14日），中國正式成為世界第二大經濟體，財新網。】

問題研討

- ▶利用經濟總量（名義GDP總值）來說明一個國家經濟發展概況時，會遇到什麼問題？
- ▶中國政府提出2020年GDP從2000年的1萬億美元上升至4萬億美元，而現在這個目標提前了10年實現。這意味著中國在這段期間平均每年的經濟成長率為何？
- ▶中國經濟發展的方式與質量還有哪些需要改善的地方？
- ▶還有哪些新興國家的經濟發展受到國際矚目？而這些國家經濟發展的優勢為何？（另舉兩例說明）

✧案例17參考答案：

以經濟總量（名義GDP總值）說明一個國家經濟發展概況的限制

▶經濟總量（名義GDP總值）vs. 人均所得（人均GDP）

- 一國經濟總量的大小與該國的物價水準及人口數有關。
- 實質人均GDP方可反映出一國真實的平均所得（生活）水準（參見表17-1）。

▶GDP在反映經濟福祉上的限制

- 無法反映能夠提升生活品質的休閒活動貢獻。
- 排除對社會福利有貢獻卻非屬市場經濟的活動。
- 無法反映環境品質的惡化。
- 無法反映出所得分配的貧富差距狀況。

表17-1　2010年人均GDP的國際比較

國家/地區	GDP per capita（current US$）	GDP per capita（constant 2000 US$）
世界	9,227.95	5,997.23
OECD會員國	34,630.64	24,563.51
歐元區國家	36,618.19	21,153.11
高所得國家	38,208.22	27,370.78
中高所得國家	6,245.69	3,249.54
中所得國家	3,992.30	2,079.95
中低所得國家	1,749.61	916.50
低所得國家	523.05	348.27
東亞及太平洋地區所有國家	7,351.46	5,211.46
東亞及太平洋地區新興國家	3,890.04	2,100.72
美國	47,198.50	37,491.18
日本	42,831.05	39,309.48
中國	4,428.46	2,425.47

資料來源：World Bank WDI database（9 March, 2012）。

表17-2　中國大陸生產總值

年度	國內生產總值（按當期價格：億元）	國內生產總值指數（1978 = 100）	GDP（按當期價格：億美元）	GDP（按2000年價格：億美元）
2000	99,214.6	759.9	11,984.7	11,984.7
2001	109,655.2	823.0	13,248.1	12,979.5
2002	120,332.7	897.8	14,538.3	14,160.6
2003	135,822.8	987.8	16,409.6	15,576.7
2004	159,878.3	1,087.4	19,316.4	17,149.9
2005	184,937.4	1,210.4	22,569.0	19,087.9
2006	216,314.4	1,363.8	27,129.5	21,512.0
2007	265,810.3	1,557.0	34,940.6	24,566.7
2008	314,045.4	1,707.0	45,218.3	26,925.1
2009	340,902.8	1,864.3	49,912.6	29,402.2
2010	401,202.0	2,058.9	59,266.1	32,460.1

資料來源：2011中國統計年鑑；World Bank WDI database（9 March, 2012）。

經濟成長

▶名義GDP成長（參見表17-2）

- $10,000 \times (1+g)^{10} = 40,000$ ⇨ $g = 14.87\%$
- $11,984.7 \times (1+g)^{10} = 59,266.1$ ⇨ $g = 17.33\%$
- $99,214.6 \times (1+g)^{10} = 401,202.0$ ⇨ $g = 14.99\%$

▶實質GDP成長（參見表17-2）

- $759.9 \times (1+g)^{10} = 2,058.9$ ⇨ $g = 10.48\%$
- $11,984.7 \times (1+g)^{10} = 32,460.1$ ⇨ $g = 10.48\%$

中國大陸經濟發展模式的改善

▶單位GDP所消耗的能源、水和資源仍比較高

- 「十一五」規劃建議提出，到2010年單位GDP能耗比「十五」期末降低20%（參見表17-3）。
- 中國的單位GDP能耗仍遠高於發達國家（參見表17-4）。

表17-3　中國大陸單位生產總值能耗

年度	國內生產總值（按2005年價格；億元）	能源消費總量（萬噸標準煤）	單位國內生產總值能耗（能源消費總量／國內生產總值；噸標準煤／萬元）
2000	116,114.4	145,531	1.253
2001	125,752.3	150,406	1.196
2002	137,173.2	159,431	1.162
2003	150,925.3	183,792	1.218
2004	166,146.2	213,456	1.285
2005	184,937.4	235,997	1.276
2006	208,381.0	258,676	1.241
2007	237,892.8	280,508	1.179
2008	260,812.9	291,448	1.117
2009	284,844.8	306,647	1.077
2010	314,579.9	324,939	1.033

資料來源：2011中國統計年鑑。

表17-4　2009年能源消耗的國際比較

國家／地區	Energy use （kg of oil equivalent） per $1,000 GDP（constant 2005 PPP）
世界	182.76
OECD會員國	145.57
歐元區國家	120.70
英國	99.48
美國	170.26
德國	120.87
日本	125.98
澳大利亞	174.90
中國	273.16
印度	195.42
巴西	131.68
俄羅斯	334.77
南非	312.69

資料來源：World Bank WDI database （9 March, 2012）。

▸很多重大的經濟結構需要優化（德銀遠東投信，2012；我國需要通過優化投資結構來優化產業結構，2009）

- 市場消費化 ⇨ 擴大拉動民間消費（擴大內需市場）
- 全國城市化 ⇨ 城鎮化發展帶動未來經濟成長
- 企業全球化 ⇨ 積極拓展海外市場
- 基礎勞工收入分配的改善
- 通過優化投資結構來優化產業結構
  - □ 投資一定要以創造就業為第一要務，並投向中小企業、投向中西部。
  - □ 投資要有利於產業結構調整。
  - □ 投資應該有利於區域的均衡發展。
  - □ 投資主體結構要大規模轉向民間，讓民間資本積極地進入經濟活動之中。

具成長潛力的新興國家

▶金磚四國之一：俄羅斯（吳修辰，2005）

- 擁有豐沛能源
  - □石油產量世界第二、蘊藏量世界第七。
  - □天然氣蘊藏及生產量世界第一。
  - □全球第二大的白金及鑽石生產國。
- 教育水準高，全世界諾貝爾獎得主第二多。

▶金磚四國之一：巴西（賀桂芬，2005）

- 天然資源豐沛
  - □地球的肺，擁有全世界水流量最大的亞馬遜河。
  - □全世界的穀倉，擁有世界最大最肥沃的農耕地。
  - □全世界的礦場（鐵砂、銅等金屬礦產蘊藏量最多）。
- 內需市場是中國之外，跨國企業的首選目標。
- 鎖定半導體、製藥、軟體和資本財等四個部門為未來十年的重點發展產業，祭出多項稅捐減免、低利貸款及獎勵等促產措施。

▶金磚四國之一：印度（沈耀華，2005）

- 充沛的年輕人力是社會發展的中流砥柱
  - □不及35歲的年輕勢力成為印度影響世代（Yippies; Young Indian People with Influence）。
  - □印度最著名的軟體委外代工產業，就是由這批站在人口金字塔頂端的知識分子所創造。
- 持續高度經濟增長
  - □持續新生的勞動力與消費人口，在印度經濟擴張的過程裡，將有助整體經濟持續增長。

相關報導（節錄）

▶金磚五國正在改寫歷史（朱雲漢，2012）

- 剛於印度首都新德里舉行的金磚五國（巴西、俄羅斯、印度、中國與南非）高峰會中，五國領袖共同發表了《德里宣言》。這份全文共五十條的宣言明確揭示金磚五國高峰會的宗旨將從經濟性國際組織提升為政治性國際組織。未來金磚五國將代表新興經濟體與開發中國家針對所有重大全球性議題，形成共同主張與政策方案，並與美國所主導的七大工業國高峰會分庭抗禮。
- 金磚五國作為世界新興經濟體的代表，在宣言中強烈主張全球經濟治理改革，大幅增加新興市場國家和發展中國家的代表性和發言權。尤其對國際貨幣基金組織（IMF）改革的緩慢步伐表示擔憂，認為現在迫切需要執行2010年的治理和認股權改革方案，並且強調此一改革「對確保國際貨幣基金組織的合法性和效率是必須的。」金磚五國也表達了自行設立一個新的開發銀行的意向，決定成立一個工作委員會來進行可行性研究，這將對世界銀行的體制改革構成莫大的壓力。
- 金磚五國不但擁有全球43%的人口，75%以上的外匯儲備，而且在全球經濟復甦遲緩、歐債危機深重難返的背景下，金磚五國作為一個整體依然保持了兩倍於全球的平均成長速度和四倍於發達國家的平均成長速度。經濟力量上的此消彼長，意味著西方國家長期把持全球治理體制的時代即將結束，金磚五國已經有能力改變以西方世界為中心的現存國際秩序。

資料來源

中華人民共和國國家統計局（2011），2011中國統計年鑒。

朱雲漢（2012年4月6日），金磚五國正在改寫歷史，中國時報。

吳修辰（2005年2月28日），2028年俄羅斯稱霸歐洲大陸，商業周刊（901）。

我國需要通過優化投資結構來優化產業結構（2009年12月25日），擷取自甘肅省發展和改革委員會：http://goo.gl/cqAsgF。

沈耀華（2005年2月28日），2032年印度成第3大經濟體，商業周刊（901）。

林倩娙、舛友雄大（2011年2月14日），中國正式成為世界第二大經濟體，擷取自財新網：http://goo.gl/uElAEw。

賀桂芬（2005年2月28日），2036年巴西超越德、英，商業周刊（901）。

德銀遠東投信（2012年4月10日），2012年中國經濟重點「優化結構，穩中求進」，擷取自MoneyDJ理財網財經知識庫：http://goo.gl/1wczHe。

案例18

國民幸福指數

隨著市場經濟不斷發展，追求幸福的潮流開始在國際間蔓延；早在1970年代，喜馬拉雅山腳下、人口僅70萬人的小王國不丹，推行「國民幸福指數」（Gross National Happiness Index, GNH），以GNH取代經濟成長率，作為施政的指導方針。順應國際上不再獨尊「唯經濟成長」的新思維，經濟合作暨發展組織（OECD）投注近十年的嚴謹研究，於2011年5月24日提出「美好生活指數」（Your Better Life Index，簡稱BLI）來衡量個人福祉。

主計總處官員表示，我國「國民幸福指數」分為國際指標以及在地指標。針對國際指標，為了與國際接軌，主計總處規畫採用OECD的「美好生活指數」，以十一個領域、超過廿項指標為編列依據。十一大領域分別是：居住條件、所得與財富、工作與收入、社會聯繫、教育與技能、環境品質、公民參與及政府治理、健康狀況、主觀幸福感、人身安全、工作與生活平衡。每一個領域之下，各有一到四個不等的指標，將全部採用，以利跨國比較。至於在地指標，主計總處官員透露，將參考英、法、日等國的編製概念，配合臺灣在地生活經驗，調查初期可能會有一些變動，未來將可用來判斷臺灣民眾長期的「幸福趨勢」。我國「國民幸福指數」已大致編列完成，行政院同意後，八月就可對外公布。

去（2012）年參與OECD「美好生活指數」調查的36國中（包括34個會員國及巴西、俄羅斯兩個夥伴國），由澳洲奪冠，主因澳洲在政府治理、社會聯繫、健康及安全領域皆名列前茅；挪威、美國則分居二、三名；日本及南韓則分別為第廿一及廿四名。

【摘錄：姜兆宇（2013年2月20日），經濟指標不再獨尊「國民幸福指數」8月公布，聯合報。】

問題研討

- ▶請簡述我國「國民幸福指數」編製的架構與內容（包括國際指標與在地指標）。
- ▶由於BLI編算結果與排名會受各領域及指標設定的權數所影響，因此OECD並不公布正式排名，但一般國際媒體通常直接引用其網頁上提供之等權數結果。試根據2012年OECD所提供「美好生活指數」等權重結果排名，蒐集前三名國家該年度（或最近期）以PPP計算的人均GDP、Gini係數以及失業率等三項經濟數據。

✧案例18參考答案：

我國「國民幸福指數」的架構及內容（行政院主計總處，我國「國民幸福指數」架構及內容，2013）（參見表18-1）

- ▶以經濟合作發展組織（OECD）「美好生活指數」為遵循架構。
- ▶並列國際指標及在地指標、兼顧跨國評比及國情特性。
  - 國際指標24項，編算綜合指數，並與OECD美好生活指數涵蓋國家比較。

- 在地指標38項，呈現個別指標資料，不計算綜合指數。

▶涉及政府本身之主觀意向性指標委託學術機關調查。

▶預定2013年8月底正式公布幸福指數統計結果。

表18-1　我國「國民幸福指數」的架構及內容

類別	領域	指標	指標定義
國際指標	居住條件	平均每人房間數	住宅房間數（含客餐廳，不含廚房及浴室）除以戶內人口數。
		居住消費支出占家庭可支配所得比率	按國民所得帳定義，計算居住及維護住宅之最終消費支出占家庭可支配所得淨額比率。
		有基本衛生設備的比率	住宅有室內沖水馬桶之人口百分比。
	所得與財富	每人可支配所得（PPP）	按國民所得帳定義，係指所得毛額（薪資、產業主所得、財產所得及移轉收入）加上政府對家庭提供的實物社會移轉，減所得及財產稅、社會安全捐及折舊，以購買力平價（PPP）換算，並折算為平均每人金額，含對家庭服務之民間非營利機構。
		每人金融性財富（PPP）	按國民所得帳定義，係指家庭部門金融性資產減金融性負債之淨額（例如黃金、現金及存款、股票、非股權證券、貸款、保險技術準備金及家庭自有的其他應收或應付帳款等），以購買力平價（PPP）換算，並折算為平均每人金額，含對家庭服務之民間非營利機構。
	工作與收入	就業率	15-64歲就業者占該年齡層民間人口之比率
		長期失業率	15-64歲勞動力中失業一年以上者所占比率。
		全時工作者平均年收入（PPP）	受僱報酬總額除以約當全時受僱員工數，並按購買力平價表示。
		工作保障性	受僱員工中工作任期低於六個月者所占比率。
	社會聯繫	社會網絡支持	遇到困難時，有親戚或朋友可在任何需要時給予幫助的比率。
	教育與技能	教育程度	25-64歲具高中職（含）以上教育程度之百分比。
		預期在校年數	滿5歲兒童預期一生接受學校教育的年數。
		學生認知能力	15歲學生之閱讀、數學與科學能力。

表18-1　我國「國民幸福指數」的架構及內容（續）

類別	領域	指標	指標定義
國際指標	環境品質	空氣汙染	以10萬以上居民的城市人口加權之空氣微粒（PM_{10}）平均濃度。
		水質滿意度	自述對當地水質感到滿意的比率。
	公民參與及政府治理	投票率	國家主要選舉中，有投票權的選民參與投票的比率。
		法規制訂諮商指數	反映政策規畫諮詢過程中公開性及透明度之綜合指數，依據OECD Regulatory management system（RMS）調查之選項加權計算。
	健康狀況	零歲平均餘命	假設一出生嬰兒遭受到某一時期每一年齡組所經驗的死亡風險後，所能活存的預期壽命。
		自評健康狀態	受訪者自我認知一般健康狀況為「好」或「很好」之百分比。
	主觀幸福感	自評生活狀況	依據坎特裡爾階梯量表，相對自己認為最差（0分）和最佳（10分）的生活，評估自己目前生活之得分。
	人身安全	故意殺人致死發生率	每10萬人口中，故意殺人致死的發生數。
		自述暴力受害比率	自述過去一年內曾被人身攻擊或強盜搶奪之比率。
	工作與生活平衡	受僱者工時過長比率	受僱員工主要工作平均每週經常工時達50小時以上之百分比。
		每日休閒及生活起居時間	全時工作者（含自營作業者）通常每日分配在休閒及生活起居（睡眠、用餐及梳洗等）的時間。
在地指標	居住條件	平均每人居住坪數	居住坪數除以戶內人口數。
		房價所得比	購買房屋總價除以家庭年所得。
		房租所得比	平均每戶家庭實付房租占總所得比率。
		居住房屋滿意度	對目前居住的房屋感到滿意的比率。
		住宅週邊環境滿意度	對目前住宅周邊環境感到滿意的比率。
	所得與財富	每人消費金額	平均每戶消費除以平均每戶人數。
		每人可支配所得中位數年增率	每戶可支配所得除以每戶人數，並按人重新排序後之中位數增率。
		家庭可支配所得五等分位倍數	將全體家庭所得由小到大排列後，所得最高20%者，與所得最低20%者之比值。
		家庭收入不夠日常開銷的比率	每月家庭總收入維持日常開銷有困難的比率。

表18-1　我國「國民幸福指數」的架構及內容（續）

類別	領域	指標	指標定義
在地指標	所得與財富	相對貧窮率	家庭總收入平均分配全家人口，每人每月在可支配所得中位數60%以下之人口比率。
	工作與收入	部分工時、臨時性或人力派遣工作者比率	15歲以上從事部分工時、臨時性或人力派遣等工作占全體就業者的比率。
		青年（15-24歲）失業率	15-24歲失業者占該年齡層勞動力之比率。
		工作滿意度	對個人目前整體工作感到滿意的比率。
	社會聯繫	與朋友接觸頻率	過去一年中，與未同住的朋友平均每週至少聚會一次的比率。
		與親人接觸頻率	過去一年中，與未同住的親人平均每週至少聚會一次的比率。
		志工服務時間	平均每天花在志工服務的時間。
		對他人的信任	認為大多數人可被信任的程度。
		家庭關係滿意度	對目前與父母、伴侶及子女等關係的滿意程度。
	教育與技能	終身學習	25-64歲成人曾在調查年參與終身學習活動的比率。
	環境品質	接近綠地	都市計畫區現況人口每人享有已闢建公園綠地面積。
	公民參與及政府治理	參與政治活動比率	過去一年內，曾經以反映意見、參加活動等方式參與公共事務的比率。
		對政府的信任	對立法院、中央政府、地方政府及社會保障制度的信任程度。
		對法院的信任	對法院的信任程度。
		對媒體的信任	對媒體的信任程度。
		民主生活滿意度	對我國民主生活的滿意程度。
		言論自由滿意度	對我國言論自由的滿意程度。
	健康狀況	自述日常生活功能受限	15歲以上成人因健康問題而使日常活動受限的比率。
		失能者對主要照顧者的負擔程度	主要照顧者因照顧失能者而感到有負荷的比率。
		健康平均餘命	指身體健康不需依賴他人的平均期望存活年數，由疾病、功能障礙及死亡的存活曲線，分別計算各年齡別健康生命之存活率與未罹患慢性疾病狀況下之平均餘命。
		食品衛生查驗不符規定比率	食品衛生查驗不符規定件數占查驗件數之比率。

表18-1　我國「國民幸福指數」的架構及內容（續）

類別	領域	指標	指標定義
在地指標	主觀幸福感	生活滿意度	自述對目前生活的滿意程度。
		臺灣幸福特色	使個人覺得生活在臺灣是幸福的因素。
	人身安全	家庭暴力被害人口率	每10萬人口中通報家庭暴力案件被害人數。
		住宅竊盜發生率	每10萬人口中住宅竊盜案件發生數。
		事故傷害死亡率	每10萬人口中事故傷害死亡人數。
		安全感	夜晚獨自走在居住的城市或鄰近地區覺得安全的比率。
	工作與生活平衡	通勤時間	全時工作者每日通勤分鐘數。
		時間分配滿意度	工作者覺得自己分配在家人、社會聯繫、工作及嗜好等四方面的時間剛好的比率。

表18-2　經濟指標的跨國比較

年度	國家	以PPP計算的當期人均GDP（單位：美元）	Gini Coefficient	失業率
2010	澳洲	39,674	0.328（每戶）（'09～'10）	5.23%
	挪威	52,034	0.245（每人）	3.6%
	美國	46,811	0.470（每戶）	9.6%
	臺灣	35,607	0.342（每戶） 0.2960（每人） 0.2826（每人；OECD）	5.21%
2011	澳洲	40,949	---	5.09%
	挪威	53,158	0.247（每人）	3.3%
	美國	48,328	0.477（每戶）	9.0%
	臺灣	37,743	0.342（每戶） 0.2962（每人） 0.2830（每人；OECD）	4.39%
2012	澳洲	42,640*	---	5.24%
	挪威	55,009	---	3.2%
	美國	49,922*	---	8.1%
	臺灣	38,749	---	4.24%

註：*代表預測值。

相關經濟指標的跨國比較

▶參見表18-2。

資料來源

各國以PPP計算的當期人均GDP

International Monetary Fund / World Economic Outlook Database, April 2013 / Gross domestic product based on purchasing-power-parity (PPP) per capita GDP (Current international dollar)

澳洲失業率

Australian Bureau of Statistics / 6202.0 Labour Force, Australia / Table 03. Labour force status by Sex

挪威失業率

Statistics Norway / Labour force survey / Table: 08517: Unemployed persons aged 15-74, by age and sex

美國失業率

Federal Reserve Bank of St. Louis / Civilian Unemployment Rate (UNRATENSA)

臺灣失業率

行政院主計總處/中華民國統計資訊網/統計資料庫/勞工統計/勞動力人口統計/人力資源主要指標/失業率

澳洲吉尼係數(Gini Coefficient)

Australian Bureau of Statistics // 6523.0 - Household Income and Income Distribution, Australia / Table 1 EQUIVALISED DISPOSABLE HOUSEHOLD INCOME

挪威吉尼係數(Gini Coefficient)

Statistics Norway / Households' income, distribution of income / Table: 07756: Measures of income despersion. Household equivalent income (EU-scale) between persons

美國吉尼係數(Gini Coefficient)

U.S. Department of Commerce: Census Bureau / Table H-4. Gini Ratios for Households, by Race and Hispanic Origin of Householder: 1967 to 2011

臺灣吉尼係數(Gini Coefficient)

行政院主計總處/100年家庭收支調查報告。

尹德瀚（2009年9月24日），諾貝爾經濟學大師：GDP不等於人民福祉，中國時報。

行政院主計總處（2013年3月7日），我國「國民幸福指數」架構及內容，擷取自行政院主計總處新聞稿：http://goo.gl/KiM6ZY。

姜兆宇（2013年2月20日），經濟指標不再獨尊「國民幸福指數」8月公布，聯合報。

洪正吉（2010年10月20日），臺灣購買力首度超越日本，中國時報。

案例19

臺灣產業發展困境

請蒐集與閱讀以下報導，並嘗試根據報導內容進行下述問題研討。

工商時報（2012年11月5日），社論－臺灣經濟走緩不只是景氣循環問題。

工商時報（2012年10月15日），社論－評析臺灣薪資變化的三個十年。

工商時報（2013年1月21日），社論－正視我國人力低度運用問題。

中廣新聞（2012年11月1日），福布斯：臺灣工資停滯 成業者競爭優勢。

尹德瀚、康文柔、鐘惠玲（2013年5月14日），紐約時報：臺灣電子業創新不足，中國時報。

呂苡榕（2013年5月2日），高仁山：臺灣製造業「走到頭了」，新新聞（1365），32-33。

黃琴雅（2012年9月20日），破解GDP迷思，不要只救出口 臺灣也有好工作！，新新聞（1333），48-56。

問題研討

- 目前臺灣產業發展面臨的困境為何？
- 為何近年來臺灣的薪資水準始終無法提升？

✧案例19參考答案：

▌臺灣產業發展的困境

▸產業過度集中、易受景氣波動衝擊造成經濟動盪

- 2011年臺灣出口產品裡有四成集中於電子與資訊產品。

▸貿易條件惡化、經濟動能無法提升

- 貿易條件（term of trade, TOT）係以出口物價指數除以進口物價指數來衡量。
- TOT愈高就代表出口價格相對提高，出口相對價格提高則廠商的收益增加，廠商的收益增加一國薪資才能明顯成長。
- 自2005年以來臺灣貿易條件持續惡化，尤其在進口農工原料價格大漲之下，臺灣的TOT甚至由100降至74。

▸消費電子產業創新不足

- 在智慧型手機時代來臨時未能掌握先機。
- 以谷歌Android作業系統為主的平板電腦異軍突起時，除華碩之外，臺灣業者多半未能及時跟進轉型。

▸強調出口與製造業為主，讓整個國家一面倒地為製造業的出口做「服務」（⇨ GDP迷思！）

- 1999～2011年間，出口貢獻臺灣GDP高達97%，幾乎是帶動國內經濟成長率的主要因素，但只要出口受傷害，經濟動能就會減弱。
- 為了服務出口產業，臺灣政府長期實施低匯率與低利率政策。

▸政府的產業政策（租稅優惠與補貼等）與金融政策（低雙率）反倒拖慢了產業升級轉型的腳步

- 低利率可降低企業的資金成本；低匯率則有利於企業的產品出口。
- 企業透過引進廉價的外籍勞工、享受政府提供的金融優惠、租稅減免和出口補貼等措施壓低生產成本即可獲利，何須產業升級！
- 臺灣的產業發展無法擺脫以代工、製造為主的模式，淪入利潤微

薄，無法提升附加價值，只知壓低成本的惡性循環。

▶新臺幣匯價長期偏低、扼殺內需產業發展

- 壓低新臺幣匯價以刺激出口，實際上是以偏低的價格將國內的生產要素賣給外國人，使得國內商品及服務資源供給減少，扼殺內需產業的發展。
- 當國內資源不斷用於生產「要和其他國家比便宜」的廉價出口商品時，等於是一種資源浪費。

▶產業人才流失

- 自1990年代以來，臺灣製造業和其他產業持續外移至中國大陸，因此抑制了臺灣的工資水準。
- 低薪無法吸引人才，更無法留住人才。

臺灣薪資水準無法提升的原因

▶政府投入龐大資源扶植代工模式等低附加價值產業

- 在全球化生產鏈裡所處的代工地位，雖使臺灣不少電子、資訊產品的產量在全球名列前茅，但所創造的附加價值卻日益微薄。
- 臺灣製造業的附加價值率由1991年的28.8%，下降至2001年的26.8%，2010年更驟降至21.3%。
- 臺灣的產業發展無法擺脫以代工、製造為主的模式，淪入利潤微薄，無法提升附加價值，只知壓低成本的惡性循環。

▶貿易條件日益惡化、影響廠商收益

- 貿易條件愈高代表出口價格相對提高，出口相對價格提高則廠商的收益增加，廠商的收益增加一國薪資才能明顯成長。

▶人力供需失衡 ⇨ 人力低度利用

- 政府高等教育政策創造出倍數成長的高學歷人口。
- 產業政策下的研發、創新人力未有如此大的需求。
- 造成學非所用、用非所學的人力低度運用。

▶全球化影響下人力派遣逐漸取代企業長期雇用制度

- 在全球化競爭環境下，企業為壓低生產成本，紛紛採取海外生產模式。
- 隨著企業對本國人力需求逐年減少，原來的長期雇用制度便逐漸被臨時雇用及人力派遣取而代之。

▶金融海嘯、歐債危機與全球景氣低迷等衝擊臺灣出口

- 臺灣是一個出口導向的國家，出口好壞對臺灣經濟影響甚鉅。
- 2008～2009年金融危機期間臺灣名目工資大幅下滑了4.9%。

其他資料來源

于國欽（2011年5月22日），中研院院士：全球化，低薪時勢所趨，工商時報。

中國時報（2013年6月5日），社論－衝競爭力 結構性改革已無可避免。

楊紹華、楊卓翰（2011年12月28日），揭開央行賺錢神話，今周刊（784）。

鐘惠玲（2013年5月23日），薪酸 平均月薪不如16年前，中國時報。

案例20

就業保險失業給付

根據統計，我國2004年的失業率為4.44%，當年失業給付金額為36億餘元；2005年失業率降至4.13%，但是失業給付金額卻上升至44億元，增加8億元之多；2006年失業率更下降至3.91%，但失業給付金額卻持續增加至49億5,700餘萬元，請領人數也從2005年的25萬餘人增加至27萬餘人，逆勢成長的情況更為明顯。

【摘錄：陳素玲（2007年5月19日），失業給付 青壯年占7成4，聯合晚報。】

問題研討

- 簡述我國就業保險的失業給付制度。
- 說明上述期間請領失業給付勞工的性別、年齡層與行業別的分布狀況。
- 隨著失業率的下降，失業給付的請領人數與金額未減反增的可能原因為何？

✧案例20參考答案：

▍就業保險制度（勞動部勞工保險局，2014）[1]

▸立法沿革

- 政府自1999年1月依據勞工保險條例第74條之規定，訂定「勞工保險失業給付實施辦法」，開辦勞工保險失業給付業務。
- 2001年召開之經濟發展諮詢委員會為建構完善之就業安全體制，研擬就業保險法草案，經立法院三讀通過，並自2003年1月1日起正式施行。

▸就業保險之保障

- 勞工遭遇非自願性失業事故時，提供失業給付。
- 積極提早就業者給予再就業獎助。
- 針對接受職業訓練期間之失業勞工，發給職業訓練生活津貼並提供失業被保險人健保費補助等保障。
- 為擴大保障失業勞工家庭之就醫權益，自2007年1月31日起增列補助失業被保險人眷屬全民健保費。
- 提高加保年齡至65歲。

（以下自2009年5月1日起施行）

- 擴大本國人之外籍、大陸及港澳地區配偶依法在臺工作者，納為就保保障對象。
- 新增發放育嬰留職停薪津貼，每一子女最高可領六個月，父母得分別請領。
- 年滿45歲或身心障礙失業者延長失業給付請領期間最長九個月。

---

[1] 原「行政院勞工委員會」於2014年2月17日改制為「勞動部」，而勞動所屬之勞工保險局、勞動基金運用局、勞動力發展署、職業安全衛生署，與勞動及職業安全衛生研究所等五個機關亦正式成立運作。

• 扶養無工作收入的配偶、未成年子女或身心障礙子女，每一人可加發平均月投保薪資10%，最多加計20%。

就業保險給付

▶給付種類【就業保險法§10 I】

• 失業給付
• 提早就業獎助津貼
• 職業訓練生活津貼
• 育嬰留職停薪津貼
• 失業之被保險人及隨同被保險人辦理加保之眷屬全民健康保險保險費補助

就業保險失業給付

▶請領條件【就業保險法§11 I（1）】

被保險人同時具備下列條件，得請領失業給付：

• 非自願離職。

【非自願離職係指被保險人因投保單位關廠、遷廠、休業、解散、破產宣告離職；或因勞動基準法第11條、第13條但書、第14條及第20條規定各款情事之一離職。（就業保險法§11 III）】

• 至離職退保當日前三年內，保險年資合計滿一年以上。
• 具有工作能力及繼續工作意願。
• 向公立就業服務機構辦理求職登記，14日內仍無法推介就業或安排職業訓練。

▶給付標準

• 每月按申請人離職辦理就業保險退保之當月起前六個月平均月投保薪資60%發給，自申請人向公立就業服務機構辦理求職登記之第15日起算。【就業保險法§16 I、§20】
• 被保險人非自願離職退保後，於請領失業給付期間，有受其扶養之眷屬者，每一人按申請人離職辦理就業保險退保之當月起前六個月平均月投保薪資10%加給給付，最多計至20%。【就業保險法§19-1 I】

【受扶養眷屬係指受被保險人扶養之無工作收入之配偶、未成年子女或身心障礙子女（就業保險法§19-1 II）】

▸給付期限

- 失業給付最長發給六個月。但申請人離職辦理就業保險退保時已年滿45歲或領有社政主管機關核發之身心障礙證明者，最長發給九個月。【就業保險法§16 I】
- 中央主管機關於經濟不景氣致大量失業或其他緊急情事時，於審酌失業率及其他情形後，得延長給付期間最長至九個月，必要時得再延長之，但最長不得超過十二個月。但延長給付期間不適用就業保險法第13條及第18條之規定。【就業保險法§16 II】
- 受領失業給付未滿就業保險法16條前3項給付期間再參加就業保險後非自願離職者，得依規定申領失業給付。但合併原已領取之失業給付月數及依第18 條規定領取之提早就業獎助津貼，以發給16條前3項所定給付期間為限。【就業保險法§16 IV】
- 依就業保險法16條前4項規定領滿給付期間者，自領滿之日起兩年內再次請領失業給付，其失業給付以發給原給付期間之二分之一為限。【就業保險法§16 V】

▸年資計算

- 依就業保險法第16條前5項規定領滿失業給付之給付期間者，就業保險年資應重行起算。【就業保險法§16 VI】

【就業保險年資應重行起算，係指就業保險年資，並不影響被保險人原有之勞工保險年資。】

▸給付限制

- 被保險人於失業期間另有工作，其每月工作收入超過基本工資者，不得請領失業給付。【就業保險法§17 I】

• 每月工作收入未超過基本工資者，其該月工作收入加上失業給付之總額，超過其平均月投保薪資80%部分，應自失業給付中扣除；但總額低於基本工資者，不予扣除。【就業保險法§17 I】
• 領取勞工保險傷病給付、職業訓練生活津貼、臨時工作津貼、創業貸款利息補貼或其他促進就業相關津貼者，領取相關津貼期間，不得同時請領失業給付。【就業保險法§17 II】

我國失業率與失業給付概況

年度	失業率（%）	就業保險失業給付		
		初次認定核付件數（件）	再次認定核付件數（件）	核付金額（千元）
1999	2.92	11,341	28,130	516,371
2000	2.99	24,018	81,209	1,664,519
2001	4.57	114,859	370,992	7,825,440
2002	5.17	103,260	508,380	10,204,120
2003	4.99	64,537	260,803	5,458,734
2004	4.44	46,154	165,943	3,680,158
2005	4.13	57,487	193,113	4,406,324
2006	3.91	63,494	213,317	4,957,930
2007	3.91	68,563	230,296	5,353,019
2008	4.14	106,495	263,695	6,645,871
2009	5.85	208,772	910,531	20,824,877
2010	5.21	84,016	410,827	9,910,795
2011	4.39	64,037	222,489	5,909,851
2012	4.24	75,821	228,817	6,491,665
2013	4.18	74,021	256,446	7,213,048

資料來源：行政院主計總處，總體統計資料庫：勞工統計－勞動力人口統計、勞工與就業保險統計，2014。

▌我國就業保險失業給付－按性別及年齡組別分

年齡組別	失業給付金額（件數）					
	2005年			2006年		
	男性	女性	小計	男性	女性	小計
15-19歲	1,777,172（158）	2,956,422（257）	4,733,594（415）	3,381,217（268）	3,766,092（315）	7,147,309（583）
20-24歲	32,142,542（2,364）	93,784,262（7,235）	125,926,804（9,599）	43,403,768（2,988）	120,875,976（9,091）	164,279,744（12,079）
25-29歲	187,599,458（10,981）	341,557,232（22,064）	529,156,690（33,045）	237,537,464（13,492）	438,694,974（27,462）	676,232,438（40,954）
30-34歲	280,358,670（14,338）	420,279,912（24,974）	700,638,582（39,312）	343,251,618（17,233）	506,061,203（29,709）	849,312,821（46,942）
35-39歲	322,613,506（15,935）	433,080,857（25,597）	755,694,363（41,532）	359,844,759（17,637）	459,309,696（26,960）	819,154,455（44,597）
40-44歲	368,555,246（17,882）	431,965,859（26,692）	800,521,105（44,574）	394,299,702（19,058）	459,787,747（27,814）	854,087,449（46,872）
45-49歲	374,438,984（17,860）	404,570,110（25,411）	779,009,094（43,271）	405,215,286（19,029）	422,514,294（25,665）	827,729,580（44,694）
50-54歲	270,731,005（12,988）	279,325,243（17,340）	550,056,248（30,328）	295,217,733（13,838）	284,455,032（17,222）	579,672,765（31,060）
55-60歲	97,716,810（4,728）	62,870,518（3,796）	160,587,328（8,524）	115,532,188（5,327）	64,781,418（3,703）	180,313,606（9,030）
合計	1,935,933,393（97,234）	2,470,390,415（153,366）	4,406,323,808（250,600）	2,197,683,735（108,870）	2,760,246,432（167,941）	4,957,930,167（276,811）

資料來源：勞工保險局2005、2006年統計年報。

▶2005年失業給付概況

- 就性別而言
  - □ 失業給付核付金額 ⇨ 女性（56%）＞男性（44%）

    【55-60 ⇨ 男性＞女性；25-29 ⇨ 男女性領取金額差距最大】
- 就年齡組別而言
  - □ 按失業給付核付金額排序

    ➢40-44（18.17%）

    ➢45-49（17.68%）

➢35-39（17.15%）

➢30-34（15.90%）

【15-34青少年及青年：30.88%；35-44青壯年：35.32%；45以上中高齡：33.80%】

□ 失業給付核付金額最多組群 ⇨ 35-39歲女性（9.83%）

▸2006年失業給付概況

• 就性別而言

□ 失業給付核付金額 ⇨ 女性（56%）＞男性（44%）

【50-54、55-60 ⇨男性＞女性；30-34 ⇨男女性領取金額差距最大】

• 就年齡組別而言

□ 按失業給付核付金額排序

➢40-44（17.23%）

➢30-34（17.13%）

➢45-49（16.70%）

➢35-39（15.90%）

【15-34青少年及青年：34.23%；35-44青壯年：33.75%；45以上中高齡：32.02%】

□ 失業給付核付金額最多組群 ⇨ 30-34歲女性（10.21%）

我國就業保險失業給付－按行業別分

單位：件、新臺幣元、%

行業別	失業給付			
	2005年		2006年	
	金額（比例）	件數（比例）	金額（比例）	件數（比例）
農、林、漁、牧業	15,974,242（0.36）	798（0.32）	28,557,408（0.58）	1,424（0.51）
礦業及土石採取業	1,145,586（0.03）	60（0.02）	1,742,830（0.04）	110（0.04）
製造業	2,032,034,848（46.12）	120,098（47.92）	1,939,069,566（39.11）	113,101（40.86）

行業別	失業給付			
	2005年		2006年	
	金額（比例）	件數（比例）	金額（比例）	件數（比例）
水電燃氣業	3,110,988 (0.07)	164 (0.07)	1,742,264 (0.04)	98 (0.04)
營造業	169,065,916 (3.84)	9,337 (3.73)	162,725,213 (3.28)	8,761 (3.16)
批發及零售業	884,737,736 (20.08)	51,752 (20.65)	1,166,595,864 (23.53)	66,305 (23.95)
住宿及餐飲業	76,860,250 (1.74)	4,505 (1.80)	75,839,808 (1.53)	4,559 (1.65)
運輸、倉儲及通信業	135,006,442 (3.06)	6,963 (2.78)	145,858,075 (2.94)	7,368 (2.66)
金融及保險業	234,516,023 (5.32)	10,578 (4.22)	256,837,389 (5.18)	12,271 (4.43)
不動產及租賃業	46,246,301 (1.05)	2,623 (1.05)	43,407,370 (0.88)	2,504 (0.90)
專業、科學及技術服務業	264,416,325 (6.00)	13,871 (5.54)	379,473,549 (7.65)	20,112 (7.27)
教育服務業	101,453,410 (2.30)	5,440 (2.17)	139,469,115 (2.81)	7,123 (2.57)
醫療保健及社會福利服務業	81,722,601 (1.85)	5,175 (2.07)	85,881,248 (1.73)	5,411 (1.95)
文化、運動及休閒服務業	170,498,400 (3.87)	8,275 (3.30)	219,785,585 (4.43)	10,459 (3.78)
其他服務業	119,347,582 (2.71)	7,462 (2.98)	211,752,243 (4.27)	11,744 (4.24)
公共行政業	70,187,158 (1.59)	3,499 (1.40)	99,192,640 (2.00)	5,461 (1.97)
合計	4,406,323,808 (100.00)	250,600 (100.00)	4,957,930,167 (100.00)	276,811 (100.00)

資料來源：勞工保險局2005、2006年統計年報。

▶2005年失業給付概況

- 就行業別而言（按失業給付核付金額）：
  - □ 製造業（46.12%）
  - □ 批發及零售業（20.08%）

□ 專業、科學及技術服務業（6.00%）

□ 金融及保險業（5.32%）

□ 文化、運動及休閒服務業（3.87%）

□ 營造業（3.84%）

▶2006年失業給付概況

• 就行業別而言（按失業給付核付金額）：

□ 製造業（39.11%）

□ 批發及零售業（23.53%）

□ 專業、科學及技術服務業（7.65%）

□ 金融及保險業（5.18%）

□ 文化、運動及休閒服務業（4.43%）

□ 其他服務業（4.27%）

▍失業給付隨失業率下降而增加的可能原因

▶政府大力宣導失業給付（陳素玲，25歲女：不領白不領，2007；陳素玲，年經、高學歷 領失業給付最多，2009；黃依歆，2009）

• 領取失業給付成為「福利」而非「救濟」

⇨「不領白不領」心態、非家庭經濟主要負擔者

⇨中壯年及年輕族群成為領取失業給付的大宗

（教育程度較高、資訊充足、積極爭取自身權益）

▶失業給付規定放寬（陳素玲，25歲女：不領白不領，2007）

• 原本失業者只要再就業1天就不符領取失業給付資格

⇨失業者若再就業未達14天還是可以領失業給付

▶鑽法律漏洞 領足失業給付（張舒婷，2009）

• 失業者覓得新職後要求新雇主延列到職時間

⇨領足六個月期限的失業給付

▶薪資水準上揚 ⇨ 投保薪資提高 ⇨ 失業給付增加

• 工業及服務業經常性平均薪資（行政院主計總處，總體統計資料

庫：勞工統計－薪資與生產力統計，2013）

$35,101（2004）→$35,386（2005）→$35,728（2006）

- 工業及服務業平均薪資（行政院主計總處，總體統計資料庫：勞工統計－薪資與生產力統計，2013）

  $42,685（2004）→$43,163（2005）→$43,493（2006）

資料來源

行政院主計總處（2013年1月22日），總體統計資料庫：勞工統計－薪資與生產力統計，擷取自中華民國統計資訊網：http://goo.gl/jfmZ0。

行政院主計總處（2014年1月20日），總體統計資料庫：勞工統計－勞工與就業保險統計，擷取自中華民國統計資訊網：http://goo.gl/jfmZ0。

行政院主計總處（2014年1月22日），總體統計資料庫：勞工統計－勞動力人口統計，擷取自中華民國統計資訊網：http://goo.gl/jfmZ0。

張舒婷（2009年2月8日），年輕人領失業金當旅費玩樂，中國時報。

陳素玲（2007年5月19日），25歲女：不領白不領，聯合晚報。

陳素玲（2007年5月19日），失業給付 青壯年占7成4，聯合晚報。

陳素玲（2009年2月4日），年輕、高學歷領失業給付最多，聯合晚報。

勞動部勞工保險局（2014年2月16日），就業保險簡介，擷取自勞動部勞工保險局全球資訊網：http://goo.gl/gT1zlD。

黃依歆（2009年2月7日），領失業給付 年輕、高學歷最多，經濟日報。

案例21

超額儲蓄

美國《商業周刊》（Businessweek）在2005年7月刊出的一篇報導（“Too Much Money”）中指出：「……國際貨幣基金（IMF）預測2005年全球儲蓄率將創下二十年來新高。……一個國家若有大量超額儲蓄，而政府可有效運用在國家建設、教育及研發等項目上，則的確可促進經濟成長。反之，若一個國家儲蓄金額過高，卻沒有用在有效投資上，則不僅無法促進經濟發展，還可能造成政府資源浪費。」

【摘錄：胡健蘭（2005年7月4日），過度儲蓄成全球新經濟危機，中國時報。】

問題研討

- 請蒐集我國2001至2011年間的超額儲蓄資料。
- 造成超額儲蓄過高的可能原因為何？
- 一個國家超額儲蓄過高，除了可能導致資源使用效率不彰、不利於經濟發展外，還可能會造成什麼負面影響？

【提示】

國民可支配所得＝GDP＋國外要素所得淨額＋國外經常移轉收入淨額

國民儲蓄淨額＝國民可支配所得－國民消費（＝民間消費＋政府消費）

國民儲蓄毛額＝國民儲蓄淨額＋固定資本消耗（折舊）

國內投資毛額＝固定資本形成毛額＋存貨增加

超額儲蓄＝國民儲蓄毛額－國內投資毛額

✧案例21參考答案：

儲蓄、投資與超額儲蓄

年度	國民生產毛額（GNP）		國民儲蓄毛額			國內投資毛額			超額儲蓄	
	金額（百萬元；2006年）	年增率（%）	金額（百萬元；2006年）	年增率（%）	占GNP比例（%）	金額（百萬元；2006年）	年增率（%）	占GNP比例（%）	金額（百萬元；2006年）	占GNP比例（%）
2001	9,770,036	-1.07	2,754,559	-13.09	28.19	2,228,467	-23.69	22.81	526,092	5.38
2002	10,326,659	5.70	3,057,208	10.99	29.61	2,275,136	2.09	22.03	782,072	7.57
2003	10,787,061	4.46	3,267,016	6.86	30.29	2,345,161	3.08	21.74	921,855	8.55
2004	11,472,874	6.36	3,357,008	2.75	29.26	2,762,244	17.78	24.08	594,764	5.18
2005	11,905,372	3.77	3,410,672	1.60	28.65	2,762,923	0.02	23.21	647,749	5.44
2006	12,555,170	5.46	3,709,512	8.76	29.55	2,776,953	0.51	22.12	932,559	7.43
2007	13,303,643	5.96	3,958,323	6.71	29.75	2,758,667	-0.66	20.74	1,199,656	9.02
2008	13,370,583	0.50	3,454,261	-12.73	25.83	2,540,958	-7.89	19.00	913,303	6.83
2009	13,229,842	-1.05	3,633,216	5.18	27.46	2,001,866	-21.22	15.13	1,631,350	12.33
2010	14,617,351	10.49	4,327,395	19.11	29.60	2,792,839	39.51	19.11	1,534,556	10.50
2011	15,145,078	3.61	4,012,684	-7.27	26.49	2,572,683	-7.88	16.99	1,440,001	9.51

資料來源：行政院主計總處，總體統計資料庫：國民所得統計－國民所得與儲蓄，2013。

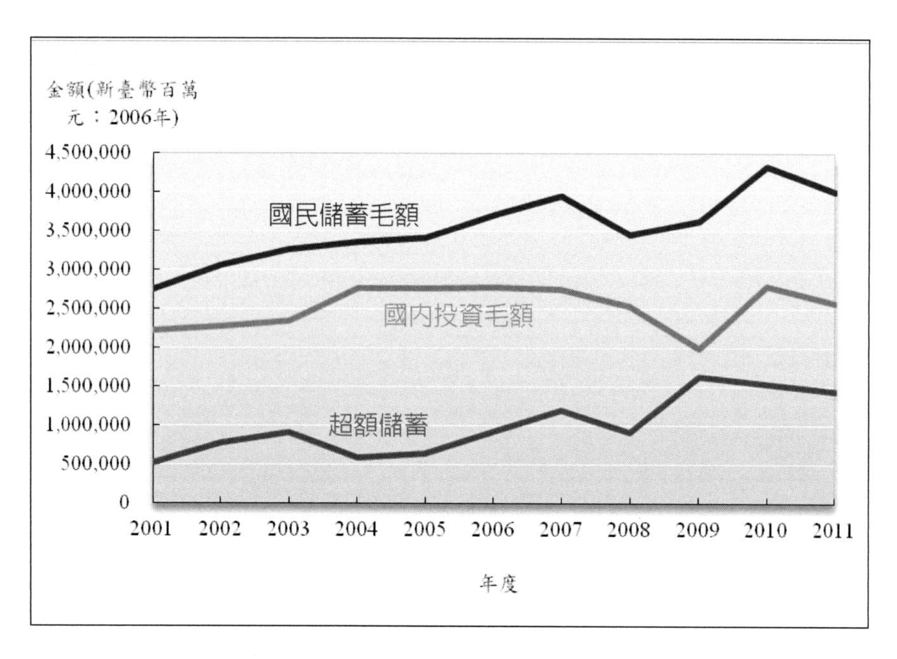
金額(新臺幣百萬
元：2006年)
4,500,000
4,000,000
3,500,000
3,000,000
2,500,000
2,000,000
1,500,000
1,000,000
500,000
0
國民儲蓄毛額
國內投資毛額
超額儲蓄
2001
2002
2003
2004
2005
2006
2007
2008
2009
2010
2011
年度

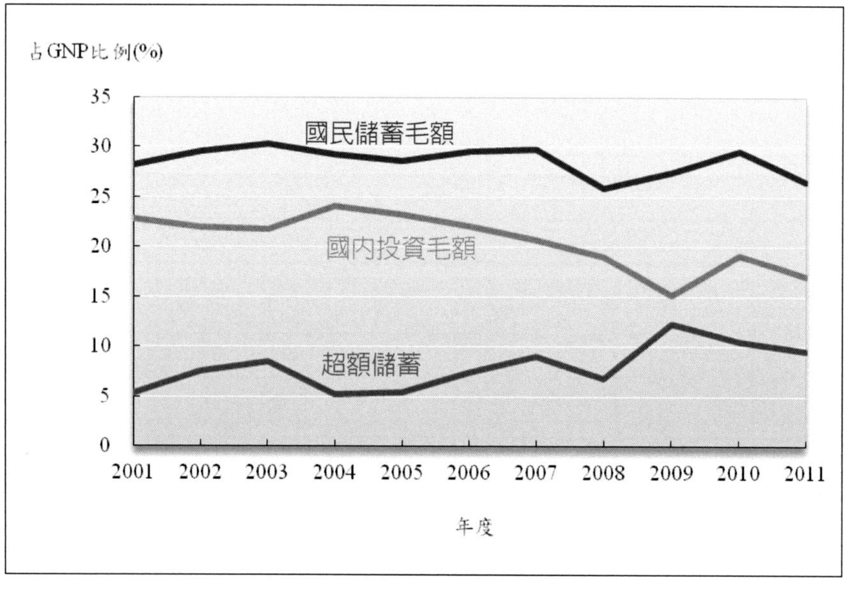
占GNP比例(%)
35
30
25
20
15
10
5
0
國民儲蓄毛額
國內投資毛額
超額儲蓄
2001
2002
2003
2004
2005
2006
2007
2008
2009
2010
2011
年度

超額儲蓄的形成[1]

▸$GNP=GDP+F$【F：國外要素所得淨額】

▸國民可支配所得$=NNP+R=(GNP-D)+R$

$=GDP+F-D+R$

【D：折舊；R：國外經常移轉收入淨額】

▸$GDP=C+I+G+(X-M)$

⇨$GDP-C-G=I+(X-M)$

⇨國民可支配所得$-C-G$（＝國民儲蓄淨額）

$=(I-D)+(X-M)+(F+R)$

⇨超額儲蓄＝國民儲蓄毛額－國內投資毛額

＝國民可支配所得$-C-G-(I-D)$

$=(X-M)+(F+R)$【⇨對外經常帳收支餘額】

超額儲蓄的影響因素

▸國民可支配所得的成長（經濟成長）

▸國內需求（民間消費、政府消費、投資需求）的成長

▸貿易收支（商品進出口）狀況

▸服務與薪資所得以及投資收益的收支狀況

超額儲蓄過高的可能原因[2]

▸消費增幅不及經濟成長速度（GNP增幅）

- 就業不穩定
- 所得分配不均（貧富差距擴大）

---

[1] 行政院主計總處，國情統計通報－我國超額儲蓄概況，2007；行政院主計總處，國情統計通報－近十年我國儲蓄率與投資率變動分析，2003。

[2] 于國欽，史上新高　明年超額儲蓄直逼1.5兆，2010；工商時報，社論－何以儲蓄率及超額儲蓄愈來愈高？，2007；工商時報，社論－臺灣超額儲蓄5年5兆的隱憂，2010。

- 低利率、高通膨
  ⇨儲蓄實質報酬（實質利率）↓（甚至為負）
- 央行刻意壓低新臺幣匯率
  ⇨抑制民間的進口品消費（對進口品的購買力下降）

▶投資成長趨緩（甚至負成長）
- 金融危機（次貸風暴、歐債危機）⇨ 經濟衰退
- 產業外移、產業結構變遷（製造業→服務業）
- 三角貿易模式盛行（臺灣接單、海外生產）
- 央行刻意壓低新臺幣匯率 ⇨ 不利內需產業發展

▶國際收支的經常帳盈餘持續增加
- 貿易順差擴大（包括來自三角貿易淨收入）
- 海外投資要素所得匯回淨額成長（包括外匯存底孳息增加）

超額儲蓄過高的影響

▶存貨增加、企業裁員（或倒閉）、國民所得減少。

▶低利率環境下，過多游資湧入房地產、股票、外匯等資產市場進行投機炒作，可能造成資產市場泡沫化，甚至影響金融穩定。（實際利率轉正有助於提振中國經濟，2012；許玉君，2009）

▶儲蓄無法被引導至投資，伴隨生產線外移使得企業海外投資增加，將使得國內投資動能遞減。（張士傑，2012）

▶若超額儲蓄的累積來自於持續擴大的貿易順差，則可能形成本國貨幣升值的壓力（不利出口），同時亦可能造成與貿易夥伴之間的貿易摩擦，甚至引發貿易戰。（韓化宇，陸連17年成全球貿易摩擦之冠，2012）

資料來源

于國欽（2010年8月22日），史上新高 明年超額儲蓄直逼1.5兆，工商時報。

工商時報（2007年9月10日），社論－何以儲蓄率及超額儲蓄愈來愈高？。

工商時報（2010年3月4日），社論－臺灣超額儲蓄5年5兆的隱憂。

行政院主計總處（2003年6月3日），國情統計通報－近十年我國儲蓄率與投資率變動分析。

行政院主計總處（2007年10月3日），國情統計通報－我國超額儲蓄概況。

行政院主計總處（2013年8月16日），總體統計資料庫：國民所得統計－國民所得與儲蓄，擷取自中華民國統計資訊網：http://goo.gl/jfmZ0。

胡健蘭（2005年7月4日），過度儲蓄成全球新經濟危機，中國時報。

張士傑（2012年1月31日），超額儲蓄下的投資出路超額儲蓄下的投資出路，工商時報。

許玉君（2009年3月17日），觀念顛覆 過度儲蓄不是美德，聯合報。

實際利率轉正有助於提振中國經濟（2012年3月12日），華爾街日報中文版。

韓化宇（2012年3月25日），陸連17年成全球貿易摩擦之冠，中國時報。

案例22

饑餓行銷

在市場行銷學中，所謂「饑餓行銷」，是指商品提供者有意調低產量，以期達到調控供求關係、製造供不應求「假象」、維持商品較高售價和利潤率的目的。換言之，饑餓行銷就是透過調節供求兩端的量來影響終端的售價，達到加價的目的。表面上，饑餓行銷的操作很簡單，定個叫好叫座的驚喜價，把潛在消費者吸引過來，然後限制供貨量，造成供不應求的熱銷假象，從而提高售價，賺取更高的利潤。但「饑餓行銷」的終極作用還不是調節價格，而是對品牌產生的附加價值。

饑餓行銷運行的始末始終貫穿著「品牌」這個因素。首先其運作必須依靠產品強勢的品牌號召力，也正由於有「品牌」這個因素，饑餓行銷會是一把雙刃劍。劍用好了，可以使得原來就強勢的品牌產生更大的附加價值；用不好將會對其品牌造成傷害，從而降低其附加價值。因此，饑餓行銷不能簡單地理解為「定低價－限供量－加價賣」。強勢的品牌、討好的產品、出色的行銷才是關鍵，才是基礎。

說起饑餓行銷，就不得不說蘋果品牌的案例－除了設計，蘋果公司的行銷理念也是獨樹一幟，這就是所謂的「饑餓」行銷。有分析認為，蘋果的產品之所以如此受歡迎，很大程度上是源自於其對市場供應的控制，也就是使市場處於某種相對的「饑餓」狀態，這有利於保持其產品價格的穩定性和對產品升級的控制權。

【摘錄：胡一夫（2010年11月4日），饑餓營銷之道；百度百科（2013年10月17日），饑餓營銷。】

問題研討

▸除了「饑餓式行銷」策略外，智慧型手機業者還曾採取過哪些特殊的行銷策略？請引述媒體上所刊載的相關報導內容進行說明。

✧案例22參考答案：

▍智慧型手機大廠的行銷策略

▸三星

- 「生魚理論」：手機搶新鮮、賣好價（任珮雲，2013）。
- 病毒式行銷：口碑傳播（word-of-mouth communication）（維基百科，2013）【三星寫手門事件[1]】。

▸索尼－差異化、「消費者剩餘」行銷（任珮雲，2013）。

- 結合光學、微機械、面板與無線通訊技術，提升產品附加價值。

▸蘋果－「神祕」及「個性」行銷（任珮雲，2013；馮景青、洪正吉，2010）。

▍資料來源

百度百科（2013年10月17日），饑餓營銷，擷取自百度百科網頁：http://baike.baidu.com/view/1107226.htm。

任珮雲（2013年9月17日），機皇戰局 華碩變形插一腳，工商時報。

胡一夫（2010年11月4日），饑餓營銷之道，擷取自行銷網：http://www.xingxiao.com/article/sp/mkt/2010/11/7862.html。

張為竣（2013年10月24日），寫手門事件 三星罰1000萬，聯合晚報。

馮景青、洪正吉（2010年12月1日），上架就搶光 蘋果iPad愈貴愈好賣，中國時報。

維基百科（2013年10月17日），病毒式行銷，擷取自維基百科網頁：http://goo.gl/3Gnj7。

[1] 臺灣三星透過員工以及雇用工讀生、部落客，假裝消費者身分發表購買心得，提升自身品牌形象、打擊競爭對手，公平交易委員會認定「隱匿事業身分，以一般大眾身分行銷自身產品」，引用公平交易法24條，重罰臺灣三星1,000萬元，三星委託網路行銷的鵬泰顧問公司、商利多公司也分別遭罰300萬與5萬元。（張為竣，2013）

案例23

中華郵政公司的資金來源與運用

交通部統計，至2011年底，中華郵政儲匯業務儲金新臺幣4兆7,167億元，再加上7,000多億元壽險資金，郵政總資金高達5.5兆元。因郵局不是銀行，資金運用受限，龐大的資金反而讓中華郵政傷透腦筋。中華郵政表示，這幾年一直希望能參與貸款業務，尤其政府財政困難，如果郵政資金能直接投入重大建設，將是兩全其美的方法。不過，金管會至今無法同意，因郵局不是銀行，無法經營放款業務。中華郵政今年初提出希望能承作小額信用貸款，金管會反對聲浪較小，但也還未點頭。

【摘錄：汪淑芬（2012年3月2日），郵政資金5.5兆 多到傷腦筋，中央社。】

問題研討

- 說明我國金融機構的分類。
- 目前我國郵政儲金之法定運用範圍為何？
- 試根據2011年底的金融統計資料，說明中華郵政公司儲匯處的資金來源與資產運用概況。

✧案例23參考答案：

▍臺灣金融機構的分類（中央銀行，新聞參考資料：金融機構分類調整及貨幣定義修正說明，2012）

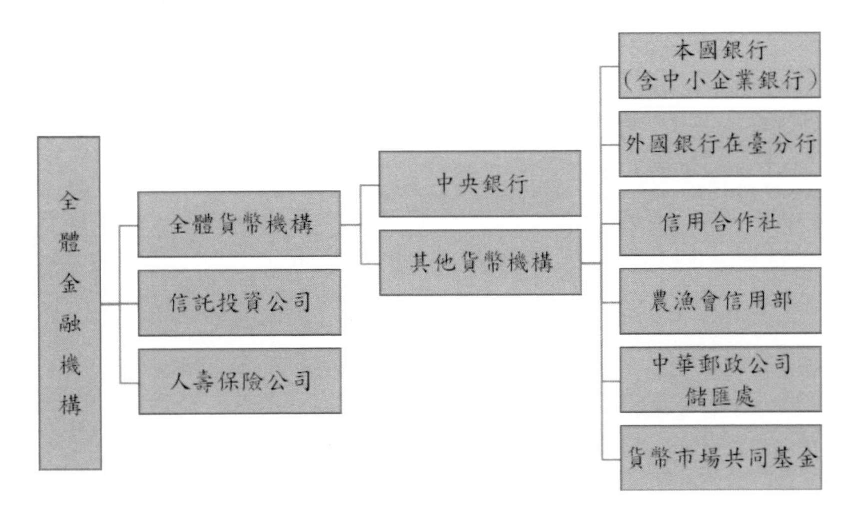

▍郵政儲金法定運用範圍（郵政儲金匯兌法§18）[1]

▸轉存中央銀行

▸轉存中央銀行以外之其他金融機構

▸投資公債、公司債、金融債券及短期票券

【投資限額、對象及其他交易之限制及運用管理辦法，由交通部會同財政部及中央銀行定之】

▸投資受益憑證及上市（櫃）股票

【投資限制及運用管理辦法，由交通部會同財政部定之】

▸參與金融同業拆款市場

---

[1] 郵政儲金匯兌法法條中所列屬「財政部」之權責事項，經行政院公告自2004年7月1日起變更為「行政院金融監督管理委員會」管轄，自2012年7月1日起改由「金融監督管理委員會」管轄（2012年6月25行政院院臺規字第1010134960號公告）。關於郵政儲金運用範圍另請參見表23-1、表23-2，及表23-3。

▶提供（中長期）資金轉存金融機構辦理政府核准之重大建設及民間投資計畫

▶其他經交通部、財政部及中央銀行核准者

表23-1　商業銀行與中華郵政公司儲匯處的比較

比較項目	商業銀行	中華郵政公司儲匯處
角色功能	以收受支票存款、活期存款、定期存款，供給短期、中期信用為主要任務之銀行。（銀行法§70）	辦理郵政儲金匯兌事務。（郵政儲金匯兌法§2）
資金來源	■ 銀行法（§71） ▶ 收受支票存款 ▶ 收受活期存款 ▶ 收受定期存款 ▶ 發行金融債券	■ 郵政儲金匯兌法（§3） ▶ 存簿儲金 ▶ 定期儲金 ▶ 劃撥儲金
資金運用	■ 銀行法（§71、§74-1、§75） ▶ 辦理短期、中期及長期放款 ▶ 辦理票據貼現 ▶ 投資公債、短期票券、公司債券、金融債券及公司股票 ▶ 辦理商業匯票之承兌 ▶ 簽發國內外信用狀 ▶ 保證發行公司債券 ▶ 辦理國內外保證業務 ▶ 投資不動產	■ 郵政儲金匯兌法（§18） ▶ 轉存中央銀行 ▶ 轉存中央銀行以外之其他金融機構 ▶ 投資公債、公司債、金融債券及短期票券 ▶ 投資受益憑證及上市（櫃）股票 ▶ 參與金融同業拆款市場 ▶ 提供（中長期）資金轉存金融機構辦理政府核准之重大建設及民間投資計畫 ▶ 其他經交通部、財政部及中央銀行核准者

表23-2　中華郵政公司儲匯處資產負債表（2011年12月底；按金額）

單位：新臺幣百萬元

資產（資金用途）		負債（資金來源）	
國外資產	276,818	國外負債	204
放款	6,580	郵政儲金	4,656,799
對非金融機構證券投資	1,438,383	劃撥儲金	22,826
政府機關	1,273,240	存簿儲金	1,617,937
公營事業	44,386	定期儲金	3,016,036
民營企業	120,757	對金融機構負債	20,505
對金融機構證券投資	5,263	中央銀行	---
對金融機構債權	3,039,555	其他貨幣機構	12,432
中央銀行	2,619,959	人壽保險公司等	8,073

資產（資金用途）		負債（資金來源）	
其他貨幣機構	419,596	其他負債	138,273
人壽保險公司等	---	淨值	72,988
庫存現金	20,049		
其他資產	102,121		
合計	4,888,769	合計	4,888,769

資料來源：中央銀行，金融統計月報，2012。

表23-3　中華郵政公司儲匯處資產負債表（2011年12月底；按比例）

單位：%（占資產或負債總額的比例）

資產（資金用途）		負債（資金來源）	
國外資產	5.66	國外負債	0.00
放款	0.00	郵政儲金	
對非金融機構證券投資		劃撥儲金	0.01
政府機關	26.04	存簿儲金	33.09
公營事業	0.01	定期儲金	61.69
民營企業	2.47	對金融機構負債	0.00
對金融機構證券投資	0.00	中央銀行	---
對金融機構債權		其他貨幣機構	0.00
中央銀行	53.59	人壽保險公司等	0.00
其他貨幣機構	8.58	其他負債	2.83
人壽保險公司等	---	淨值	1.49
庫存現金	0.00		
其他資產	2.09		
合計	100.00	合計	100.00

資料來源：中央銀行，金融統計月報，2012。

郵政簡易人壽保險資金之運用（簡易人壽保險法§27）

- 存款
- 有價證券
- 不動產
- 放款
- 國外投資
- 衍生性商品交易
- 其他經主管機關核准之資金運用
- 公債、國庫券

▶金融債券、可轉讓定期存單、銀行承兌匯票、金融機構保證商業本票

【總額不得超過該保險業資金35%】

▶經依法核准公開發行之公司股票

【購買每一公司之股票總額，不得超過該保險業資金5%及該發行股票之公司實收資本額10%】

▶經依法核准公開發行之有擔保公司債，或經評等機構評定為相當等級以上之公司所發行之公司債

【購買每一公司之公司債總額，不得超過該保險業資金5%及該發行公司債之公司實收資本額10%】

▶經依法核准公開發行之證券投資信託基金及共同信託基金受益憑證

【投資總額不得超過該保險業資金10%及每一基金已發行之受益憑證總額10%】

▶證券化商品及其他經主管機關核准保險業購買之有價證券

【總額不得超過該保險業資金10%】

▶經交通部核可提供重大公共建設計畫之融資所需款項

【提供總額不得超過資金總額30%】

資料來源

中央銀行（2012年2月10日），新聞參考資料：金融機構分類調整及貨幣定義修正說明，擷取自中央銀行全球資訊網：http://goo.gl/mr0uLD。

汪淑芬（2012年3月2日），郵政資金5.5兆 多到傷腦筋，中央社。

案例24

物流業的五力分析

為創造新商機，郵局積極推出多項新業務、服務，但營運績效卻不如預期，虧損連連。中華郵政公司於2004年推出「優鮮配」低溫宅配服務，第一年營業額500多萬元，之後曾成長到1,000多萬元；但從2009年開始「腰斬」，大幅下降到600多萬元，之後連年虧損，2011年度營收衰退到320萬元，支出卻高達6,000多萬元。2012年至9月止，收入則僅有260萬餘元。立委在立法院交通委員會質詢時指出，郵局開辦那麼多業務，郵政、物流沒有一樣賺錢，甚至連壽險都賠，唯一賺錢的是代售業務，既然郵局不是壽險專業又賠錢，乾脆停辦不要做了。（楊毅，6,000萬回收320萬　郵局優鮮配慘賠，2012）

另外，曾經風光一時的民營郵局「強訊郵通」（前身為「上大郵通」）則是驚傳倒閉，公司幹部低調證實公司將結束營業。上大郵通成立於1997年，是臺灣第一家民營郵局，迅速在業界崛起，最風光時員工曾多達三千人，全臺有六十多處投遞據點。不過，郵政是法定專營事業，全臺只有中華郵政可以經營，民營郵局最高峰時，分走中華郵政約7%業務，讓中華郵政面對極大壓力，交通部也開始積極取締並開罰。過去十年，交通部針對此類違反郵政專營權業者開罰54件，罰款金額超過2,000萬，超過八成罰的都是上大郵通與更名後的強訊郵通。罰款壓力迫使上大郵通更名、轉型，但之後經營的快遞業務，很快面對新崛起的快遞業者競爭，2012年油電雙漲後，營運成本增加超過三成，成為壓垮駱駝的最後一根稻草。（曾鴻儒，2013）

問題研討

- 全球知名的國際競爭力大師麥可波特（Michael E. Porter），曾經受政府和企業界邀請，多次來台演講，波特32歲就成為哈佛終身教授，1979年提出的「五力分析模型」是所有商學院學生必讀的聖經。（陳諺瑩，2012）請簡述波特「五力分析模型」的基本架構與內涵。
- 請針對中華郵政公司特定的營運項目（如：物流），利用波特的「五力分析模型」進行分析與評估，嘗試為中華郵政公司的經營現況（或困境）提出診斷說明並開出適當的因應處方。

✧案例24參考答案：

Forces Driving Industry Competition （Porter, 1980; Porter, 2008）

- *Potential Entrants*: Threat of new entrants
- *Industry Competitors*: Rivalry Among Existing Firms
- *Suppliers*: Bargaining power of suppliers
- *Buyers*: Bargaining power of buyers
- *Substitutes*: Threat of substitute products or services

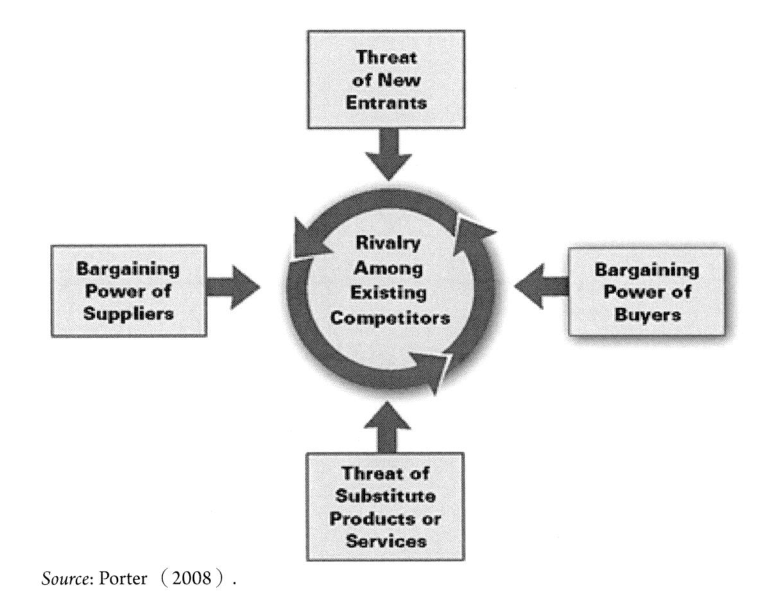

Source: Porter（2008）.

「五力分析模型」的基本架構（周旭華（譯），2012）

▶影響潛在進入者威脅大小的因素

- 進入障礙
  - □ 規模經濟
  - □ 產品差異化
  - □ 資本需求
  - □ 移轉成本
  - □ 配銷通路的取得
  - □ 與規模無關的成本優（劣）勢
  - □ 政府政策
  - □ 潛在報復
  - □ 過去對新進者報復的慣例
  - □ 擁有反擊的資源優勢（充裕現金、適足產能、忠誠顧客、借貸額

度、掌握配銷通路）

- □ 產業涉入程度深的既存者能有效掌握資金運作流程，並握有大量資產
- □ 產業成長緩慢，限縮市場吸納新進者的空間

▶現有競爭者間的競爭程度

- 挑起現有競爭者之間競爭的原因
  - □ 感受到對手的競爭壓力
  - □ 發現可提升自身市場地位的機會
- 現有競爭者之間的競爭手段（方式）
  - □ 價格戰
  - □ 廣告（促銷）戰
  - □ 引進新產品
  - □ 提升顧客服務品質或產品保證（保固）
- 造成現有競爭者之間競爭程度提高的因素
  - □ 競爭者為數眾多或勢均力敵
  - □ 產業成長緩慢
  - □ 固定或倉儲成本高
  - □ 缺乏差異化或移轉成本
  - □ 產能可大幅提升
  - □ 多元化的競爭對手
  - □ 策略風險高
  - □ 退出障礙高
- 退出障礙的來源
  - □ 專業化資產
  - □ 固定退出成本
  - □ 相互間的策略關係
  - □ 情感因素（心理層面的障礙）
  - □ 政府及社會限制

- 造成競爭態勢變化的因素
  - □ 產業成熟所導致的成長變化
  - □ 因購併而導致產業特性丕變
  - □ 技術創新致使生產過程中的固定成本提升，造成競爭程度的波動

▶替代品的威脅

- 替代品的涵義
  - □ 具備與產業產品相同功能的其他產品
  - □ 替代品的影響可反映出整體產業的需求彈性
- 值得關注的替代品
  - □ 相較於產業產品能順應趨勢提升性能價格比
  - □ 由高獲利產業所生產

▶買方的議價力量

- 買方在產業競爭中所採取的手段與目的
  - □ 壓低產品價格
  - □ 爭取更高的品質或更多服務
  - □ 引起競爭者之間的對抗
    - ⇨ 壓縮產業的獲利
- 買方議價力量增強的來源
  - □ 相對於賣方銷售額，買方較集中或採購量很大
  - □ 買方所購買的產品占成本或採購量相當顯著的比例
  - □ 買方所購買的是標準化或非差異化的產品
  - □ 買方面對較低的移轉成本
  - □ 買方獲利能力低
  - □ 買方可能進行向後整合（向上游整合）的威脅
  - □ 買方採購的品項不大會影響其所生產的產品或服務的品質
  - □ 買方擁有充分的市場資訊

▶供應商的議價力量

- 供應商在產業競爭中所採取的手段與目的

□ 威脅調高產品售價

□ 威脅降低產品及服務品質

⇨ 壓縮產業的獲利

- 供應商議價力量增強的來源

□ 供應商的產業集中度高

□ 供應商不需與銷往同一產業的其他替代品競爭

□ 供應商所面對的並非重要客戶

□ 供應商的產品是買方重要的生產投入

□ 供應商彼此的產品具差異化或已形成移轉成本

□ 供應商可能進行向前整合（向下游整合）的威脅

▶政府的角色

- 政府在產業競爭環境中的影響

□ 進入障礙

□ 政府政策（法規、補貼等）⇨ 產業結構與競爭

➢廠商（身為供應商或買方）的行為

➢產業地位

➢產業成長與成本結構

- 如何將政府納入產業競爭環境的策略分析中

□ 政府如何透過五股競爭作用力來影響產業競爭

▶競爭策略的制定

- 競爭策略的涵義

□ 採取攻擊或防禦的行動以創造出足以抵禦五股作用力的地位

- 制定競爭策略的作法

□ 為企業定位以便能夠採取最佳的防禦措施以對抗既有的競爭作用力

□ 透過策略行動來平衡各股作用力並藉此改善企業的相對競爭地位

□ 掌握到影響各股作用力因素的變動並能即時因應，然後趁對手尚未察覺變化前，選擇適合新競爭態勢的策略

物流概論（池惠婷，2005）

▶物流（Logistics）的涵義

- 物流是一種物的實體流通活動的行為，在流通過程中，透過管理程式有效結合運輸、倉儲、裝卸、包裝、流通加工、資訊等相關物流機能性活動，以創造價值、滿足顧客及社會需求。（中華民國物流協會）
- 物流是供應鏈過程的一部分，是以滿足客戶需求為目的，以高效率和經濟的手段來組織產品、服務以及相關資訊，從供應到消費的運輸、儲存規劃、執行和控制的過程。（美國物流協會）

▶物流（Logistics）的發展階段

- 1PL （First-Party Logistics）
  - □ 製造業自己處理所有的物流功能的階段。
  - □ 擁有車隊與倉庫進行運輸與倉儲保管的物流機能。
  - □ 許多小型企業的買賣交易大多在同一區域完成。
- 2PL （Second-Party Logistics）
  - □ 當企業經營擴展至跨區域交易時，製造商開始尋求貨運公司或倉儲公司來分擔其物流成長之需求。
  - □ 提供較單一功能的服務、資金需求度高、進入障礙低、低周轉率。
- 3PL （Third-Party Logistics）
  - □ 企業將物流的運輸、裝卸、倉儲和搬運功能委託由專門的物流企業運作（⇨第三方物流服務型態）。
  - □ 3PL係指專門從事為其他企業設計與管理物流流程、運輸規劃模式、倉儲方式的企業。
    - ➢以實際資產投資或策略聯盟方式來拓展其多元化物流服務涵蓋的範圍。
    - ➢強調以資訊系統與經營知識（know-how）來增加附加價值，而非採用運輸公司的低價策略。

- 4PL （Fourth-Party Logistics）
  - □ 由傳統的倉儲保管、運輸配送服務增加流通加工、物流顧問諮詢、報關文件、貨物承攬、製造業深層加工，甚至延伸出跨區域性與整合性的服務（⇨第四方物流服務型態）。
  - □ 國際物流企業以跨區域整合服務型態，或更良好的資訊系統切入國內物流市場。
  - □ 物流業競爭更為激烈，衍生出更多樣的服務內容與更佳的服務品質。

我國物流產業的範疇

▸經濟部商業司2004年8月召開專家會議結論（池惠婷，2005）

- 運輸業（客運除外）、倉儲業（含加工）、物流輔助業（包含報關、承攬）
- 對照「中華民國行業標準分類」（行政院主計總處，中華民國行業標準分類（第9次修訂），2011）
  - □ H.491　鐵路運輸業
  - □ H.494　汽車貨運業
  - □ H.499　其他陸上運輸業
  - □ H.501　海洋水運業
  - □ H.51　航空運輸業
  - □ H.521　報關業
  - □ H.522　船務代理業
  - □ H.523　貨運承攬業
  - □ H.524　陸上運輸輔助業
  - □ H.525　水上運輸輔助業
  - □ H.526　航空運輸輔助業
  - □ H.529　其他運輸輔助業
  - □ H.53　倉儲業
  - □ H.541　郵政業

□ H.542　　快遞服務業

物流的分類：按企業物流服務需求別（池惠婷，2005）

▸國際物流－處理產品進出口相關物流服務之行業

- 海空運輸業
- 承攬業
- 其他類別（報關、船務代理及港埠業等）

▸境內物流－在臺灣境內從事運輸與倉儲等物流作業之行業

- 汽車貨運業
- 倉儲業
- 第三方物流業（3PL）
- 快遞服務業

▸物流周邊－提供物流服務周邊配套之行業

- 物流設備業
- 物流系統業

物流業產業特性（行政院經濟建設委員會，2004）

▸經營規模差異大

- 國內業者以中小型企業為主，資本額分布在5,000萬元以下最多；然而也不乏大型航空、海運或陸運運輸業者，資本規模動輒超過5億元以上。

▸少量多樣、高頻率配送需求

- 配合客戶成本控制的要求，物流業者走向多樣、少量、高頻率的物流配送運作模式。

▸IT技術應用增加

- 在全球資料處理和網際網路整合系統發展迅速，以及無線射頻辨識（Radio Frequency Identification, RFID）技術應用推展下，IT技術應用對於貨物控管掌握範圍，已經由公司內部經營管理層面拓展至所有合作者的供應鏈，甚至橫跨國界成為全球運籌的有利工具。

▶全方位服務功能

- 為掌握配送時效與控制成本，業者經營範圍已擴大到資訊情報服務、流通加工、進出口承攬、報關、保稅倉庫與宅配等加值服務，透過提供完整物流服務的方式，以因應商業活動的劇烈變化。

▶全球性經營

- 面對國際間貨物流通的活絡化，物流業者也走向全球化布局。

臺灣的宅配與快遞服務業

▶競爭業者（王治中，2011；陳巨星，2005）

- 郵政業：中華郵政（國內快捷、優鮮配[1]）。
- 快遞服務（宅配）業：統一速達（宅急便）、臺灣宅配通（宅配通）、新竹貨運（速配達）、大榮貨運（一日配）、群邦物流（群邦宅快）、超峰快遞、聯邦快遞（FedEx）、優比速（United Parcel Service Inc., UPS）等。

▶配送服務內容（陳巨星，2006）

- 包括：配送到家、送樓服務、夜間配送、指定時間、代收貨款、貨件追蹤、配送速度、體積（不同尺寸的貨件服務）、服務品質、保鮮【低溫（冷凍、冷藏）配送】等。

▶五力分析（王治中，2011）

- 潛在競爭者的威脅
  - □ 物流倉儲中心的建置、設備與車輛的投資、通路取得，以及配送時效性的要求等條件形成高度的進入障礙。
  - □ 潛在競爭威脅低。
- 現有競爭者間的競爭程度
  - □ 現有廠商經營類型多元化，且廠商家數眾多；型錄郵購、產地直送、電視購物、直銷、網路購物等商機刺激產業加速發展，潛

[1] 中華郵政公司自2013年3月26日起停止辦理優鮮配冷藏冷凍郵件業務。（中華郵政公司，郵政消息：停辦優鮮配冷藏冷凍業務，2013）

在市場規模龐大；服務內容逐漸趨於一致（產品差異化程度降低）；龐大的資本投入形成高度的退出障礙。

- □ 同業間競爭程度高。

• 替代品的威脅

- □ 一方面實體物品仍須仰賴實體物流配送，無法透過電子資訊傳遞（書報刊物除外）；另一方面，大宗貨物運輸業者或自行處理區域性配送業務的小規模製造商雖可能分食市場，但其服務品質與配送效率仍不及專業宅配業者。
- □ 替代品威脅程度低。

• 買方的議價力量

- □ 重視配送服務品質、品牌與便利性，以及「少量、多樣化」的服務型態，降低了一般消費者的議價能力。
- □ 至於商務客戶則因配送量龐大，以及與宅配業者長期合作之故，而享有較大的議價能力。

• 供應商的議價力量

- □ 物流倉儲中心設置規模與區位選擇的限制較多，因此土地與廠房的供應商具有較高的議價能力。
- □ 倉儲配送設備與車輛的部分，由於供應廠商家數多，而產業內需求龐大且穩定，即使轉換供應商亦無須負擔太大轉換成本，因此供應商的議價能力較低。
- □ 在IT技術及自動化設備方面，由於業者尚在初步引進階段，因此供應商的議價能力相對較高。
- □ 宅配產業的員工必須經過一連串的教育與訓練才能任用，因此擁有「SD（service drivers）」與「宅配工程師」等稱號[2]。由於訓練成本高且專業人才難覓，因此宅配產業專門人才的議價能力較高。

---

[2] 統一速達負責送貨員工的頭銜不是司機、也不是送貨員，叫做SD（Service Driver），背後的含意很深，除了服務（service），還暗示開創新業績（sales）、保持親切的微笑（smile）、以及隨時保持安全（safety）。（林茂仁，2006）

中華郵政物流業務的SWOT分析[3]

▶優勢

- 國營事業值得信賴。
- 超過1,300個郵政營業據點所構成的通路。
- 綿密的配送網路，提供物流倉儲及宅配服務。
- 提供安全金流付款機制。
- 長年累積的顧客群。
- 特約戶及大宗客戶可享上門收件服務。
- 郵寄包裹收費較一般宅配業者低廉。

▶劣勢

- 制度僵化、缺乏應變能力。
- 公務機關屬性、員工積極度不足。
- 作業勞力密集度高、人事成本偏高。
- 營業時間受限制。

▶機會

- 直效行銷（direct marketing）興起。
- 跨境物流的發展趨勢。
- 電子商務及第三方支付商機。

▶威脅

- 不同類型物流配送業者的市場區隔不明顯、業務範圍重疊性高。
- 宅配業者提供多樣化的配送服務。
- 宅配業者提供全年無休的服務。
- 宅配業者透過24小時營業的連鎖便利商店提供便捷的貨件交寄服務。
- IT技術應用及自動化作業程度的提升。

---

[3] SWOT分析內容取材自：王治中（2011）、吳永仁（2010）、黃昭勇（2011）、張淑霞（2010）、王克庭（2013）。

中華郵政在物流配送市場的競爭對策[4]

- 持續推動「郵政商城」擴大招商計畫，藉以擴大郵政物流及配送業務。
- 持續拓展第三地收件及快速到貨業務，提供網購平台業者客製化服務。
- 持續開創新的業務、商品，加速業務成長。
- 掌握兩岸開放三通、觀光旅遊及ECFA生效後所帶動之物流遞送商機。
- 積極開展跨境物流業務。
- 引進先進資訊技術（如RFID），掌握貨物運送流程，並追蹤貨物送達狀況，以提供更快速、更精確的服務。
- 培訓物流配送業務的專業人才。
- 增加交寄貨件的營業據點，並延長營業時間。
- 辦理第三方支付業務，並積極爭取電子商務客戶的物流配送服務商機。
- 經營管理彈性化，以因應瞬息萬變的競爭環境；薪酬給付差異化，以激勵員工士氣並提升員工生產力。

資料來源

Porter, M. E. (1980). *Competitive Strategy: Techniques for Analyzing Industries and Competitors*. New York: Free Press.

Porter, M. E. (2008). The Five Competitive Forces That Shape Strategy. *Harvard Business Review*, 79-93.

中華郵政公司（2013年7月17日），郵政消息：中華郵政公司李紀珠董事長訪問中國郵政集團公司成果豐碩，擷取自中華郵政公司全球資訊網：http://goo.gl/l8v8RU。

中華郵政公司（2013年3月21日），郵政消息：停辦優鮮配冷藏冷凍業務，擷取自中華郵政公司全球資訊網：http://goo.gl/LPd2mq。

王克庭（2013年9月23日），中華郵政進軍第三方支付，工商時報，擷取自中時電子報：http://goo.gl/dsLlAJ。

王治中（2011），快遞競爭策略之研究－以統一宅急便、臺灣宅配通、中華郵政國內快捷為例，高苑科技大學經營管理研究所碩士論文。

交通部（2013年5月），101年度交通年鑑，擷取自交通部全球資訊網：http://goo.gl/cYBdOv。

---

[4] 關於中華郵政競爭對策的探討係參考：交通部（2013）、黃昭勇（2011）、中華郵政公司，郵政消息：中華郵政公司李紀珠董事長訪問中國郵政集團公司成果豐碩，2013。

池惠婷（2005），總論，於經濟部商業司2004臺灣物流年鑑，經濟部。
行政院經濟建設委員會（2004年12月），流通服務業發展綱領及行動方案。
吳永仁（2010年11月10日），實踐有效的物流與供應鏈管理，擷取自臺灣經貿網：http://goo.gl/vje7Yf。
周旭華（譯）（2012），競爭策略：產業環境及競爭者分析（第三版），臺北：天下遠見出版股份有限公司。
林茂仁（2006年8月6日），黃千里標竿管理 創造績效，經濟日報，擷取自汪川生部落格peter-syt：http://goo.gl/Nrnm5Z。
張淑霞（2010），中華郵政物流模式的個案分析，淡江大學管理科學研究所企業經營碩士在職專班碩士論文。
陳巨星（2005年4月），2004年臺灣宅配市場總貨量已達6862萬件，現代物流/物流技術與戰略（14），13-16。
陳諺瑩（2012年11月22日），競爭力大師波特 公司倒閉負債145億，中天新聞。
曾鴻儒（2013年1月17日），「不敵國家機器」第一家民營郵局倒閉，自由時報。
黃昭勇（2011年6月），游芳來 打開保守綠巨人的心，天下雜誌（473），116-118。
楊毅（2012年12月6日），6,000萬回收320萬 郵局優鮮配慘賠，中國時報。

案例25

郵局的多角化經營

電子郵件與簡訊取代書信成為現代主要通訊管道後，嚴重衝擊傳統郵政業務，郵件投遞量大幅萎縮。為免被電子化浪潮淹沒，世界各國郵局紛紛力求革新，跳脫以往賣郵票和送信為主的格局朝多角化經營。英國政府本月初即宣布，國營皇家郵政（Royal Mail）半數以上業務擬民營化，使其轉型成現代化通訊公司。不過信件和大型包裹投遞量萎縮之際，重量2公斤以下包裹寄送業務卻出現不可思議的成長，萬國郵政聯盟（UPU）認為這係拜網路購物熱潮之賜。

德國郵政（Deutsche Post）即看準隨網購而起的宅配商機，斥資7.5億歐元擴展包裹遞送網絡，新增2萬個收件據點。瑞典丹麥郵政集團（PostNord）也因重心轉移到網購包裹配送服務，業績起死回生。法國郵政總局（La Poste）除了將遞送包裹列為主要發展項目，並積極開發其他商機，像是替老人送藥或提供查看水電瓦斯表的服務。義大利郵政集團（Poste Italiane）則插足金融與行動電話業務，至今已吸納600萬存戶，並出售300萬張左右手機SIM卡。芬蘭的郵局櫃檯賣起甜點、玩具和文具；美國郵政總局（US Postal Service）更開郵政服務業先河，明年將有服飾開賣。郵局偏離本業朝多角化經營的態勢愈來愈明顯。

【摘錄：吳慧珍（2013年7月29日），全球郵局求存 轉型多元經營，工商時報。】

問題研討

▶目前中華郵政公司法定的業務經營項目為何？

▶近年來中華郵政公司有哪些新開辦的業務或亟欲向主管機關爭取開辦的業務？請引述媒體上所刊載的相關報導內容進行說明。

✧案例25參考答案：

▍中華郵政公司經營業務項目（郵政法§5）

▶遞送郵件

▶儲金

▶匯兌

▶簡易人壽保險

▶集郵及其相關商品

▶郵政資產之營運

▶經交通部核定，得接受委託辦理其他業務及投資或經營前述六項之相關業務

【除中華郵政公司及受其委託者外，無論何人，不得以遞送信函、明信片或其他具有通信性質之文件為營業。（郵政法§61）】

▍中華郵政近年來新開辦的業務

▶郵件業務

- 優鮮配冷藏冷凍郵件業務（2004.1.1～2013.3.26）【楊毅，6,000萬回收320萬 郵局優鮮配慘賠，2012】
- 特產快遞郵件業務（2004.1.1）【交通部，交通新聞稿：「特產快遞郵件」業務，2003】
- 兩岸直接通郵業務（2008.12.15）【交通部，交通新聞稿：開創兩岸郵政業務新局面中華郵政12月15日開辦直接通郵業務，2008】

- 代收FedEx國際優先快遞業務（2010.5.5）【交通部，交通新聞稿：郵局開辦代收FedEx國際優先快遞業務，2010】
- 兩岸郵政速遞（快捷）業務－航空郵件（2012.9.17）【交通部，交通新聞稿：中華郵政開辦「兩岸郵政速遞（快捷）」業務，2012】
- 兩岸郵政速遞（快捷）業務－海運郵件（2013.3.20）【交通部，交通新聞稿：郵局開辦「兩岸郵政速遞（快捷）」海運郵件服務，2013】
- 「未來郵件」業務（2012.11.13）【交通部，交通新聞稿：中華郵政開辦「未來郵件」業務，2012】
- 郵政e小包（兩岸）業務（2013.12）【楊文琪，兩岸郵局　合攻小包裹快遞，2013】

▶儲匯業務

- 大陸郵政匯入匯款業務（2009.2.26）【交通部，交通新聞稿：中華郵政2月26日開辦大陸郵政匯入匯款業務，2009】
- （美元）國際匯入匯款業務（2013.11.15）【中華郵政公司，郵政消息：中華郵政11月15日起增辦國際匯入匯款業務，2013】

▶集郵及其相關商品

- 個人化郵票（2001）

▶電子商務及其他資訊服務

- 郵政商城（PostMall）網路購物平台（2010.10）【交通部，交通新聞稿：郵政順應網路經濟消費時代　發展電子商務及物流服務，2011】
- 「e動郵局」業務（2013.1.24）【中華郵政公司，郵政消息：中華郵政e動郵局行動生活好幫手，2013】

中華郵政即將或爭取開辦的業務

▶儲匯與金融業務

- 外幣存款業務（以美元和人民幣為主）【林淑慧，李紀珠：爭取郵

局開辦外幣存款，2013】

- 申請大陸「合格境外機構投資者」（QFII）資格【中華郵政公司，郵政消息：中華郵政公司申請QFII，2013】
- 爭取發行具銀聯功能的郵政金融卡【韓化宇，中華郵政　爭取與銀聯合作，2013】

▶電子商務

- 第三方支付業務【王克庭，中華郵政進軍第三方支付，2013；郭芝芸，第三方支付夯　國銀搶兆元商機，2013】

▶保險

- 成立轉投資的保險經紀子公司【林淑慧，保經公司代銷保單　拚今年上路，2013】

▶規劃「銀髮族郵業」

- 仿效日本郵政（Japan Post）規劃銀髮郵業照護服務【羅佳旼，改善郵政虧損　立委：開發銀髮商機，2013；吳慧珍，日本郵政揪感心　反阻礙民營化，2013】

資料來源

中華郵政公司（2013年11月14日），郵政消息：中華郵政11月15日起增辦國際匯入匯款業務，擷取自中華郵政公司全球資訊網：http://goo.gl/dCHnhj。

中華郵政公司（2013年1月23日），郵政消息：中華郵政e動郵局行動生活好幫手，擷取自中華郵政全球資訊網：http://goo.gl/dnEBJy。

中華郵政公司（2013年7月17日），郵政消息：中華郵政公司申請QFII，擷取自中華郵政公司全球資訊網：http://goo.gl/BQHruv。

王克庭（2013年9月23日），中華郵政進軍第三方支付，工商時報，擷取自中時電子報：http://goo.gl/dsLlAJ。

交通部（2003年12月26日），交通新聞稿：「特產快遞郵件」業務，擷取自交通部全球資訊網：http://goo.gl/Fxr1fl。

交通部（2008年12月14日），交通新聞稿：開創兩岸郵政業務新局面中華郵政12月15日開辦直接通郵業務，擷取自交通部全球資訊網：http://goo.gl/VStqrv。

交通部（2009年2月24日），交通新聞稿：中華郵政2月26日開辦大陸郵政匯入匯款業務，擷取自交通部全球資訊網：http://goo.gl/2u2grF。

交通部（2010年5月5日），交通新聞稿：郵局開辦代收FedEx國際優先快遞業務，擷取自交通部全球資訊網：http://goo.gl/Cu4kru。

交通部（2011年5月10日），交通新聞稿：郵政順應網路經濟消費時代 發展電子商務及物流服務，擷取自交通部全球資訊網：http://goo.gl/ylm1Gf。
交通部（2012年11月13日），交通新聞稿：中華郵政開辦「未來郵件」業務，擷取自交通部全球資訊網：http://goo.gl/nNVILy。
交通部（2012年9月17日），交通新聞稿：中華郵政開辦「兩岸郵政速遞（快捷）」業務，擷取自交通部全球資訊網：http://goo.gl/70wpSn。
交通部（2013年3月20日），交通新聞稿：郵局開辦「兩岸郵政速遞（快捷）」海運郵件服務，擷取自交通部全球資訊網：http://goo.gl/9n3nQe。
吳慧珍（2013年7月29日），日本郵政揪感心 反阻礙民營化，工商時報，擷取自中時電子報：http://goo.gl/M6bnc7。
吳慧珍（2013年7月29日），全球郵局求存 轉型多元經營，工商時報，擷取自中時電子報：http://goo.gl/Ws8jpj。
林淑慧（2013年2月19日），李紀珠：爭取郵局開辦外幣存款，工商時報。
林淑慧（2013年5月8日），保經公司代銷保單 拚今年上路，工商時報，擷取自中時電子報：http://goo.gl/3Y0OHd。
郭芝芸（2013年10月14日），第三方支付夯 國銀搶兆元商機，旺報，擷取自中時電子報：http://goo.gl/7AZXfA。
楊文琪（2013年10月7日），兩岸郵局 合攻小包裏快遞，經濟日報。
楊毅（2012年12月6日），6,000萬回收320萬 郵局優鮮配慘賠，中國時報。
韓化宇（2013年7月16日），中華郵政 爭取與銀聯合作，旺報，擷取自中時電子報：http://goo.gl/dSUusg。
羅佳旼（2013年11月11日），改善郵政虧損 立委：開發銀髮商機，臺灣醒報，擷取自聯合新聞網：http://goo.gl/ArYVSH。

案例26

央行扮演的角色

中央銀行總裁彭淮南上任14年，帶領央行成為國庫金雞母，堪稱「賺錢一哥」。根據中央銀行最新統計，2011年度盈餘為2,272.5億元，較前一年增加超過20億元。

彭淮南上任首年，央行盈餘僅874.86億元，再前一年甚至僅有500餘億元，但後續央行獲利不斷增加，2000年首度突破1,000億元大關，2003年衝破2,000億元，之後便穩定成長，2009年更曾創下近3,000億元的歷史獲利高點。統計彭淮南自1998年上任迄今，央行已為國庫賺進2.67兆元，平均每年賺進1,907億元，此成績更是「前無古人」。

央行官員解釋，央行以穩定物價及促進金融穩定為主要營運目標，因此營運上最重要的是考慮總體經濟面，至於盈餘則受國內外金融情勢影響很大。央行收益主要來自於外幣資產運用收益，金融海嘯之後，很多國家大幅降息，央行收益就受到很大的影響，另外包括匯率等也非央行所能控制。金融圈人士認為，央行每年對國庫挹注大量資金，占歲入比重超過10%，「其實並不健康」，萬一哪天央行獲利有困難，會造成國家財政吃緊。

【摘錄：藍鈞達（2012年8月22日），彭總裁14年 替國庫賺2.67兆，中國時報。】

問題研討

▶自2009年度起連續四年我國央行均編列1,800億元作為盈餘繳庫的預算目標，近幾年央行每年繳庫金額占政府歲入比例甚至可達10%，央行儼然已成為政府不可或缺的繳庫大戶。試蒐集相關資料說明我國央行鉅幅獲利的原因與可能造成的影響。

✧案例26參考答案：

中央銀行損益表

單位：新臺幣百萬元

項目	2010年度	2009年度	2008年度	2007年度	2006年度	2005年度
收入						
利息收入	428,654	395,165	356,890	374,446	344,871	320,579
手續費收入	119	118	102	82	81	116
事業投資利益	1,142	1,091	1,036	1,039	1,015	913
兌換利益	14,917	25,886	23,865	15,530	17,053	14,471
其他	20,951	14,160	24,221	14,559	10,322	6,811
合計	465,783	436,420	406,114	405,656	373,342	342,890
支出						
利息費用	69,163	66,728	150,502	150,989	134,825	102,700
手續費用	179	139	61	33	21	22
發行硬幣費用	1,664	667	1,013	897	522	742
兌換損失						
各項提存*	162,930	65,720	10,303	14,256		45,300
發行鈔券費用	3,991	2,836	3,670	4,373	3,382	3,667
業務費用	1,554	1,565	1,637	1,729	1,817	1,877
管理費用	475	471	489	499	408	376
其他	651	631	670	379	383	348
合計	240,607	138,757	168,345	173,155	141,358	155,032
盈餘	225,176	297,663	237,769	232,501	231,984	187,858

附註：*各項提存係指提存備抵呆帳、兌換損失準備等。
資料來源：中央銀行全球資訊網。

央行盈餘的創造

▶央行主要的收入來源

- 利息收入

  ⇨外匯存底投資國外資產的收益

  □ 外匯存底的總量

  □ 國外資產收益率（國外利率）

▶央行主要的支出項目

- 利息費用

  ⇨發行定期存單的利息支出

  □ 發行定期存單的總量

  □ 定期存單的利率

- 各項提存

  ⇨因應外匯存底出現匯兌損失

  □ 新臺幣升值（匯率）

▶央行盈餘創造的影響因素[1]

- 外匯存底的總量（＋）
- 國外資產收益率（國外利率）（＋）
- 發行定期存單的總量（－）
- 定期存單的利率（－）
- 新臺幣匯價（匯率）（－）

▶央行盈餘創造的條件

- 累積更多外匯存底
- 減少定期存單的發行數量
- 壓低定期存單利率

---

[1] 下列(+)、(-)符號分別代表各變數對央行盈餘的影響方向為同向或反向。例如，外匯存底總量愈多，則央行盈餘會愈多；新臺幣的匯價愈低，則央行盈餘會愈多。

- 阻止新臺幣升值

▸如何營造獲利條件 ⇨ 壓低雙率

- 阻升新臺幣 ⇨ 買匯（釋放新臺幣）⇨ 累積外匯存底
- 消極從市場回收資金 ⇨ 減少定期存單發行 ⇨ 市場資金充沛（浮濫）⇨ 壓低定期存單利率 ⇨ 壓抑市場利率

▌央行鉅幅獲利的影響（楊卓翰，2012；楊紹華、楊卓翰，2011）

▸利率偏低、民眾存款縮水

- 近五年期間有多達27個月出現實質負利率。
- 研究指出：2005～2009年間，央行繳庫0.95兆元，但民眾卻少賺了1.37兆元。

▸新臺幣匯價偏低、對外購買力下降

- 1999年初至今，新臺幣實質有效匯率下跌22%，同期間，國際清算銀行列入計算的61種貨幣匯率平均上漲8%。
- 研究指出：12年來，央行繳庫總額1.8兆元，但臺灣實質財富卻少了18兆元。

▸存放款利差低、金融業獲利困難

- 過去三年存放款利差平均值僅約1.5%，代表金融業對外放款「毛利率空間」比合理情況低0.5%。
- 2010年底本國銀行放款餘額總計近18兆元，異常偏低存放款利差造成銀行一年少賺約9,000億元，這是央行當年繳庫金額1,800億元的5倍。

▸高風險資產的投資（機）風氣逐漸加溫

- 利息偏低，民眾被迫尋找更高風險、高報酬的投資管道。
- 存放款利差偏低的情況下，金融業者為了牟利則是被迫銷售更多高風險的投資商品。
- 資金浮濫與長期低利環境孕育出房地產炒作的溫床。

▸新臺幣匯價長期偏低、扼殺內需產業發展

- 壓低新臺幣匯價以刺激出口，實際上是以偏低的價格將國內的生產要素賣給外國人，使得國內商品及服務資源供給減少，扼殺內需產業的發展。
- 當國內資源不斷用於生產「要和其他國家比便宜」的廉價出口商品時，等於是一種資源浪費。

▶新臺幣續貶、全民身陷外匯風險

- 累積的外匯存底將承受外幣的匯率、利率風險，以及外幣資產的信用風險、價格波動，無形中臺灣財富的風險也相對升高。
- 為規避外匯風險，央行的貨幣政策與匯率政策將逐漸喪失自主性。
  - □ 美元貶值、美元利率走弱
    - ⇨美元計價的外匯資產價值下降
    - ⇨為掩飾外匯資產損失
    - ⇨央行同步讓新臺幣匯率貶值、利率下跌

資料來源

楊卓翰（2012年1月4日），央行扮演國庫大戶角色失當影響深遠，今周刊（785）。

楊紹華、楊卓翰（2011年12月28日），揭開央行賺錢神話，今周刊（784）。

藍鈞達（2012年8月22日），彭總裁14年替國庫賺2.67兆，中國時報。

案例27

央行的貨幣政策工具

前美國聯邦準備體系（Federal Reserve System, Fed）理事會主席柏南克（Ben S. Bernanke）曾表示，儘管央行總裁（central bankers）並無法獨自解決全球經濟難題，但Fed卻可運用其所擁有必要的貨幣政策工具，藉以促進經濟發展與對抗通膨。

問題研討

- 面對2007年以來美國所經歷房市持續疲弱、次級房貸風暴席捲、信貸市場日益緊縮導致融資成本提高，以及經濟陷入嚴重衰退等影響，期間Fed所採取因應的貨幣政策為何？
- 全球金融雜誌（Global Finance）所公布的2010年中央銀行總裁評比（Central Banker Report Cards 2010）中，我國央行總裁彭淮南獲得最高的A級評比，請簡要說明該雜誌對彭總裁評價的內容。

✧案例27參考答案：

Fed因應金融危機不同發展階段所採取之措施

期間	Fed的穩定金融措施		
2007年 8～12月	■ 主要採取對銀行提供流動性之傳統措施 ▶ 調降利率：聯邦資金利率由5.25%降至4.25%，累計降幅1個百分點；主要融通利率由6.25%降至4.75%，累計降幅1.5個百分點 ▶ 調整貼現窗口融通機制 ▶ 建立「定期資金競標機制（TAF）」（2007.12.12） ▶ 與外國央行進行換匯交易（2007.12.12）		
2008年 3月	■ 對主要交易商提供流動性 ▶ 建立「定期借券機制（TSLF）」（2008.3.11）（2008.7.30建立TSLF選擇權） ▶ 建立「主要交易商融通機制（PDCF）」（2008.3.16）	■ 調降利率 ▶ 2008年1-4月，聯邦資金利率由4.25%降至2%，累計降幅2.25個百分點 ▶ 主要融通利率由4.75%降至2.25%，累計降幅2.50個百分點	調整貼現窗口融通機制（2008.3.16）
2008年 9～10月	■ 對貨幣市場的借款人與投資人提供流動性 ▶ 建立「資產擔保商業本票貨幣市場基金流動性機制（AMLF）」（2008.9.19） ▶ 建立「商業本票融資機制（CPFF）」（2008.10.7） ▶ 建立「貨幣市場投資人融通機制（MMIFF）」（2008.10.21）	■ 調降利率 ▶ 聯邦資金利率由2%降至1%，主要融通利率由2.25%降至1.25%，累計降幅均為1個百分點	
2008年 12月～ 2009年 3月	■ 對公司與個人提供流動性 ▶ 建立「定期資產擔保證券貸款機制（TALF）」（2008. 11.25） ▶ 直接購買中長期證券：設立收購政府贊助機構（GSE）發行或擔保之房貸抵押擔保證券（MBS）計畫（2008.11. 25） ▶ Fed設立直接購買中長期公債之計畫（2009.3.18）	■ 調降利率 ▶ 聯邦資金利率由1%降至0%～0.25%區間，取代以往的單一數值目標 ▶ 主要融通利率由1.25%降至0.5%（2008. 12.16）	

資料來源：陶慧恆（2010）。

2010年央行總裁評比中對彭淮南總裁的評價（Platt, Guerrero, & Keeler, 2010）

- 由於即時且有效的貨幣政策調整，使得臺灣得以經歷強勁的經濟成長與低通膨。在全球金融危機期間，央行採取迅速而明快的決策以降低經濟體系與信用市場所承受的外在衝擊。
- 當臺灣經濟在2009年下半年開始復甦之際，央行即藉由發行定期存單來消除市場過多的流動性。
- 由於出口及廠商投資大幅擴張，加上失業情況逐步獲得改善，臺灣在2010年前兩季的經濟成長率（GDP年增率）分別達到13.7%及12.5%。鑑於經濟加速復甦，銀行放款與投資持續成長，市場利率漸次走高，再加上房地產價格攀升，以及物價上升，因此央行於2010年6月進一步將重貼現率、擔保放款融通利率及短期融通利率各調升0.125個百分點，分別由年息1.25%、1.625%及3.5%調整為年息1.375%、1.75%及3.625%。
- 臺灣是一個出口導向的經濟體系，而且與中國大陸之間的聯繫愈來愈密切。新臺幣匯率政策也是臺灣經濟穩定的重要影響因素。央行藉由讓新臺幣升值來減緩通膨提高所帶來的壓力，但當經濟發展遲緩時，則藉由讓新臺幣貶值來促進經濟活動。

資料來源

Platt, G., Guerrero, A., & Keeler, D. (2010). *Holding Steady－Annual Survey: Central Banker Report Cards.* Retrieved from Global Finance: http://goo.gl/vvqMES.

陶慧恆（2010年3月），第四章美國之穩定金融措施，於 全球金融危機專輯（增訂版）（頁73~100），中央銀行，擷取自中央銀行全球資訊網：http://goo.gl/H7LIjf。

案例28

央行貨幣政策的影響

央行總裁彭淮南於2008年6月30日臨時召開記者會（說明「升息與台股的關係」與「調升存款準備率，銀行會抽緊銀根嗎？」）時表示，央行貨幣政策沒辦法影響美股，但美股會影響世界各國股市，台股大跌是受美股影響。央行升息、調高存準率是要消弭民眾對通貨膨漲的預期心理，防範於未然，央行每天都在發定期存單（NCD）抗通膨；而且自2007年3月以來，央行理監事會曾六次決定調升利率，其中有四次升息後，股票反而上漲，並沒有所謂的彭淮南缺口，台股下跌是國際股市連動的結果。

另外，彭淮南也澄清，目前央行發行的定期存單與收受銀行的轉存款共約6.1兆元，這次調高存準率僅收回2,000億元，相較停泊在央行的短期資金根本是「小事一樁」，銀行連一毛錢銀根都不用抽。

【摘錄：雷盈（2008年7月1日），彭淮南：銀行不用抽一毛錢銀根，經濟日報。】

問題研討

- 為何輿論會將台股大跌歸咎於央行升息（調高重貼現率）或調高存款準備率政策？
- 請根據近期我國全體銀行及郵匯局之資產負債表資料，說明若央行調升存款準備率，是否會造成銀行體系抽緊銀根。

✧案例28參考答案：

臺灣的貨幣總計數（monetary aggregates）

▸M1A＝通貨淨額＋支票存款＋活期存款

▸M1B＝M1A＋活期儲蓄存款

▸M2 ＝M1B＋準貨幣

調高重貼現率對股市可能產生的影響

▸M1B為國人手邊隨時可動用的資金，一般被外界視為是股市資金動能是否活絡的指標之一。（高照芬，2011）

▸央行調高重貼現率若因而引導資金市場利率上揚，造成國人資產配置上，資金由活存轉往定存，將影響股市資金動能。

調高（法定）存款準備率對股市可能產生的影響

▸法定準備制度為中央銀行依法要求銀行依其負債提存一定比率的準備金，以因應支付需求的制度。（黃志典，貨幣銀行學概論，2012）

▸必須提存準備金的存款與負債包括：支票存款、活期存款、活期儲蓄存款、定期儲蓄存款、定期存款、外匯存款與信託資金。

▸調高法定存款準備率

⇨銀行準備金提存↑

⇨信用貸放（包括證券質押貸款）能力↓

我國存款貨幣機構資產負債表（2010年12月底）

單位：新臺幣百萬元

資產		負債	
國外資產	2,935,598	國外負債	1,940,770
放款	19,862,154	企業及個人存款	24,891,463
政府機關	1,525,105	支票存款	352,769
公營事業	791,888	活期存款	2,934,895

資產		負債	
民間部門	17,545,161	活期儲蓄存款	7,173,405
證券投資	1,769,714	定期存款	4,191,313
政府債券	870,118	可轉讓定期存單	192,569
股份與債券等	899,596	定期儲蓄存款	7,471,306
公營事業	139,266	外匯存款	2,575,206
民營企業	667,257	政府存款	761,305
金融機構	93,073	對金融機構負債	1,410,216
對金融機構債權	7,456,193	中央銀行	56,061
中央銀行	7,427,040	其他金融機構	1,354,155
其他金融機構	29,153	中華郵政公司	452,668
		金融債券	800,783
		其他負債	168,342
		淨值	2,241,084
資產合計	32,213,963	負債與淨值合計	32,213,963

附註：存款貨幣機構包括本國一般銀行、外國銀行在臺分行、中小企業銀行、信用合作社，以及農漁會信用部。
資料來源：中央銀行，金融統計月報，2011。

中華郵政公司儲匯處資產負債表（2010年12月底）

單位：新臺幣百萬元

資產		負債	
放款	7,046	儲蓄存款	4,498,514
證券投資	1,374,974	劃撥存款	21,326
政府債券	1,197,634	存簿存款	1,526,284
股份與債券等	177,340	定期存款	2,950,904
公營事業	47,433	對金融機構負債	92,935
民營企業	123,284	中央銀行	---
金融機構	6,623	其他貨幣機構	41,216
對金融機構債權	3,095,304	其他金融機構	51,719
中央銀行	2,596,556	其他負債	171,461
其他貨幣機構	459,178	淨值	79,221
其他金融機構	39,570		
庫存現金	18,472		
其他資產	346,335		
資產合計	4,842,131	負債與淨值合計	4,842,131

資料來源：中央銀行，金融統計月報，2011。

央行調升存款準備率　銀行是否會緊縮銀根

▶當央行提高存款準備率時，銀行體系應提準備金所需增加的部分，可透過將央行的定期存單及轉存央行存款的一小部分轉入準備金帳戶即可（參見表28-1），無須減少放款，因此銀行體系不會抽緊銀根。（中央銀行，2008）

表28-1　全體銀行及中華郵政公司儲匯處資產負債表（2010年12月底）

單位：新臺幣百萬元

資產		負債	
放款	19,869,200	存款	29,389,977
證券投資	3,144,688	對金融機構負債	1,503,151
對金融機構債權	10,551,497	（餘略）	
中央銀行	10,023,596		
其他金融機構	527,901		
（餘略）			

資料來源

中央銀行（2008年6月30日），新聞稿（新聞發布第132號）：本行調升存款準備率，銀行會抽緊銀根嗎？，擷取自中央銀行全球資訊網：http://goo.gl/lB7sxT。

高照芬（2011年11月25日），貨幣呈死亡交叉 央行信心喊話，中央社。

黃志典（2012），貨幣銀行學概論（第三版），臺北：前程文化事業有限公司。

雷盈（2008年7月1日），彭淮南：銀行不用抽一毛錢銀根，經濟日報。

案例29

外匯市場與金融危機

外資熱錢大舉進攻臺灣，2009年3月11日估計匯入逾10億美元（約新臺幣345億元），該波又急又快的拋匯潮，讓臺北匯市開盤不久，新臺幣就躍升達3角6分。新臺幣狂升，牽動央行敏感神經，盤中搶入9億美元，打壓新臺幣升幅，外資與央行多空交戰，激出22.29億美元鉅量，央行最後成功守住34.5元，未讓炒匯投機客稱心如意。（陳美君，2009）

另外，美歐超寬鬆貨幣政策釀災，熱錢灌進亞洲，造成亞幣暴衝。決戰熱錢，央行「三不一沒有」重砲上膛！央行嚴格要求國銀海外NDF（無本金交割遠期外匯）不准做、美元空單不准留過夜、最後一盤不准掛單等「三不」；及沒有交易憑證，不准幫出口商操作遠匯的「一沒有」政策，違者金檢伺候。海外NDF不許做，是澆熄新臺幣升值預期；美元空單不准留過夜，是「沒收」國銀的炒作工具；最後一盤不准掛單，則是讓匯市全面淨空，利於央行或指定匯銀做價，目的是由外而內嚴控匯市，以穩定盤勢。此外，針對廠商、銀行可能「假避險之名、行炒匯之實」，央行也再次「提醒」多間銀行，沒有實質單據的話，遠匯都不准做；好話說盡後，央行除加強查核相關單據外，若銀行屢勸不聽，就會隨時啓動專案金檢。（黃琮淵，決戰熱錢　央行祭出三不一沒有，2010）

而英國《金融時報》則在2012年8月刊出的一篇文章指出，若隨著國際收支的迅速惡化，且今後如果中國只能繼續推動投資，沒有其他辦法維持經濟增長，那麼一年內，投資將超越目前的儲蓄水準，五年內中國3兆美元的外匯儲備將被耗盡。此外，資本外逃也會是外匯儲備的一個重要威脅。（中廣新聞，大陸3兆外匯儲備　有可能五年內耗盡，2012）

問題研討

- ▸2012年全世界外匯存底（外匯儲備）最高的五個國家為何？外匯存底（外匯儲備）的金額分別是多少？
- ▸央行阻升新臺幣可能會對國內經濟產生什麼影響？
- ▸試以一個過去曾經發生過資本外逃（capital flight）的國家為例，說明其發生的原因與造成的影響。

✧案例29參考答案：

Top 10 Countries in terms of International Reserves

Rank	Country	Total Reserves (Millions of US dollars)	Date
1	People's Republic of China	3,307,136	Sep. 2012
2	Japan	1,233,157	Oct. 2012
3	Saudi Arabia	621,637	Sep. 2012
4	Russian Federation	476,878	Oct. 2012
5	Switzerland	467,584	Sep. 2012
6	Republic of China (Taiwan)	398,689	Sep. 2012
7	Brazil	374,940	Oct. 2012
8	Republic of Korea	319,166	Sep. 2012
9	Hong Kong	301,107	Sep. 2012
10	India	270,175	Oct. 2012

資料來源：International Financial Statistics (IFS), International Monetary Fund。

央行阻升新臺幣的影響（楊紹華、楊卓翰，2011；楊卓翰，2012）

▶累積外匯存底

- 阻升新臺幣 ⇨ 買匯（釋放新臺幣） ⇨ 累積外匯存底

▶新臺幣匯價偏低、對外購買力下降

- 1999年初～2011年，新臺幣實質有效匯率下跌22%，同期間，國際清算銀行列入計算的61種貨幣匯率平均上漲8%。
- 研究指出：12年來，央行繳庫總額1.8兆元，但臺灣實質財富卻少了18兆元。

▶新臺幣匯價長期偏低、扼殺內需產業發展

- 壓低新臺幣匯價以刺激出口，實際上是以偏低的價格將國內的生產要素賣給外國人，使得國內商品及服務資源供給減少，扼殺內需產業的發展。
- 當國內資源不斷用於生產「要和其他國家比便宜」的廉價出口商品，等於是一種資源浪費。

▶新臺幣續貶、全民身陷外匯風險

- 累積的外匯存底將承受外幣的匯率、利率風險，以及外幣資產的信用風險、價格波動，無形中臺灣財富的風險也相對升高。
- 為規避外匯風險，央行的貨幣政策與匯率政策將逐漸喪失自主性。
  - □ 美元貶值、美元利率走弱
    - ⇨美元計價的外匯資產價值下降
    - ⇨為掩飾外匯資產損失
    - ⇨央行同步讓新臺幣匯率貶值、利率下跌

金融危機的成因與影響[1]

▶東南亞金融危機案例：泰國

[1] 關於金融危機探討的相關內容係取材自黃昱程（2010）、黃志典（2009），以及梁峰（2010）。

- 經常帳惡化
  - ⇨市場預期泰銖將貶值
  - ⇨市場產生外匯（美元）超額需求
  - ⇨央行拋匯干預匯價
  - ⇨貨幣供給↓、利率↑、外匯準備↓
  - ⇨對未來泰銖貶值的恐慌造成資本外逃
  - ⇨房地產與股票市場崩跌、外匯準備大幅流失
  - ⇨遭受投機客攻擊
  - ⇨央行外匯準備耗盡
  - ⇨央行棄守固定匯率制度（泰銖狂貶）
  - ⇨通膨飆漲

國際收支危機（balance of payment crises）與資本外逃（capital flight）

▶經常帳惡化

⇨市場預期本國貨幣將貶值

⇨外幣計價資產預期報酬↑（對外幣計價資產需求↑）

⇨外匯市場產生超額需求

⇨央行拋匯干預匯價

⇨本國貨幣供給↓、本國利率↑、外匯準備↓

⇨對未來本國貨幣貶值的恐慌

⇨資本外逃進一步造成外匯準備大幅流失

⇨國際收支危機

國際收支危機（balance of payment crises）與通貨危機（currency crises）

▶政府財政赤字

⇨透過央行買入政府債券進行融通（公債貨幣化）

⇨外匯準備流失（國際收支惡化）

⇨市場預期本國貨幣將貶值

⇨央行拋匯干預匯價（外匯準備↓）

⇨資本外逃進一步造成外匯準備大幅流失

⇨遭受投機客攻擊（買入央行剩餘外匯準備）

⇨央行外匯準備耗盡

⇨棄守固定匯率制度

自我實現通貨危機（self-fulfilling currency crises）

▸經濟衰退

⇨本國銀行貸款損失（本國銀行資本緊縮）

⇨投機者預期未來本國貨幣將貶值、利率上升、本國銀行資金成本大幅上揚

⇨本國銀行信用緊縮

⇨經濟衰退更嚴重、銀行資產品質更惡化

⇨為避免金融體系崩潰，央行挹注市場流動性

⇨央行外匯準備流失

⇨維持固定匯率制度的能力↓

資料來源

中廣新聞（2012年8月7日），大陸3兆外匯儲備 有可能五年內耗盡。

梁峰（主編）（2010），國際金融，北京：經濟科學出版社。

陳美君（2009年3月12日），央行破解韓元連動 修理投機客，工商時報。

黃志典（2009），國際金融：理論、政策與應用，臺北：前程文化事業有限公司。

黃昱程（2010），國際金融：市場、理論與實務（第二版），臺北：華泰文化事業股份有限公司。

黃琮淵（2010年10月11日），決戰熱錢 央行祭出三不一沒有，中國時報。

楊卓翰（2012年1月4日），央行扮演國庫大戶角色失當 影響深遠，今周刊（785）。

楊紹華、楊卓翰（2011年12月28日），揭開央行賺錢神話，今周刊（784）。

案例30

貨幣成長與景氣循環

行政院經濟建設委員會（國家發展委員會經濟發展處前身）於2012年9月27日公布同年8月景氣概況，景氣燈號續呈藍燈，連續10個月呈現藍燈，為1984年改為現行燈號與項目以來，連續藍燈第二長的紀錄，超越之前金融海嘯期間的連九藍，僅次於2000年網路泡沫期間的連15顆藍燈[1]。

問題研討

- 說明代表不同景氣狀況的景氣燈號及其涵義。
- 試根據國家發展委員會經濟發展處所認定之臺灣歷次景氣循環基準日期，蒐集對應期間的貨幣供給成長率資料，並說明景氣衰退的發生是否與貨幣供給成長率的變動有關。

[1] 國家發展委員會係整併行政院經濟建設委員會（簡稱經建會）與行政院研究發展考核委員會（簡稱研考會），並移撥行政院公共工程委員會（簡稱工程會）部分單位而於2014年1月22日掛牌成立。

✧案例30參考答案：

景氣對策信號

燈號	涵義
紅燈（Red）	熱絡（Booming）
黃紅燈（Yellow-red）	轉向（Transitional）
綠燈（Green）	穩定（Stable）
黃藍燈（Yellow-blue）	轉向（Transitional）
藍燈（Blue）	低迷（Sluggish）

資料來源：國家發展委員會經濟發展處，景氣對策信號簡介，2013。

景氣循環（business cycle）的涵義（國家發展委員會經濟發展處，臺灣景氣循環簡介，2013）

- 景氣循環是一種國家總體性經濟活動的波動，一個循環是指許多經濟活動大約同時發生擴張，隨後發生收縮、衰退，然後又開始復甦的情形。
- 這一連串的波動會周而復始但不定期的發生，其持續期間由一年以上到十年不等。一個景氣循環週期包含一個擴張期（expansion）及一個收縮期（contraction）。
- 實務上，擴張期及收縮期個別應持續至少5個月，全循環至少需15個月。
- 臺灣歷次景氣循環基準日期之認定，請參見表30-1。

臺灣的貨幣（供給）成長與景氣循環

- 請參見圖30-1及圖30-2。

表30-1　臺灣歷次景氣循環的基準日期

循環次序	谷底	高峰	谷底	持續期間（月數）		
				擴張期	收縮期	全循環
第1循環	1954.11	1955.11	1956.09	12	10	22
第2循環	1956.09	1964.09	1966.01	96	16	112
第3循環	1966.01	1968.08	1969.10	31	14	45
第4循環	1969.10	1974.02	1975.02	52	12	64
第5循環	1975.02	1980.01	1983.02	59	37	96
第6循環	1983.02	1984.05	1985.08	15	15	30
第7循環	1985.08	1989.05	1990.08	45	15	60
第8循環	1990.08	1995.02	1996.03	54	13	67
第9循環	1996.03	1997.12	1998.12	21	12	33
第10循環	1998.12	2000.09	2001.09	21	12	33
第11循環	2001.09	2004.03	2005.02	30	11	41
第12循環	2005.02	2008.03	2009.02	37	11	48

資料來源：國家發展委員會經濟發展處，臺灣歷次景氣循環的基準日期為何？，2011。

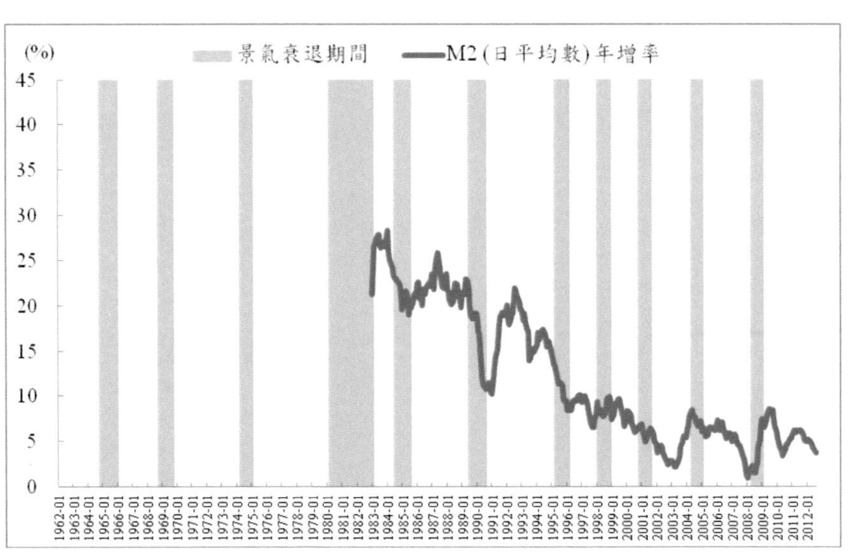

資料來源：中央銀行，貨幣總計數（月資料），2013。

圖30-1　臺灣的貨幣供給（M2日平均數）成長與景氣循環

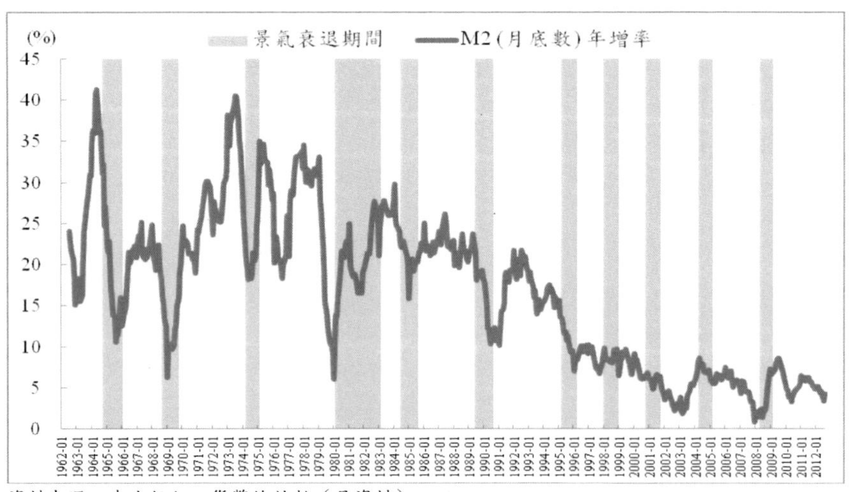

資料來源：中央銀行，貨幣總計數（月資料），2013。

圖30-2　臺灣的貨幣供給（M2月底數）成長與景氣循環

■ 美國的貨幣（供給）成長與景氣循環（參見圖30-3）

▶The rate of money growth has declined before every recession. (Mishkin, 2010)

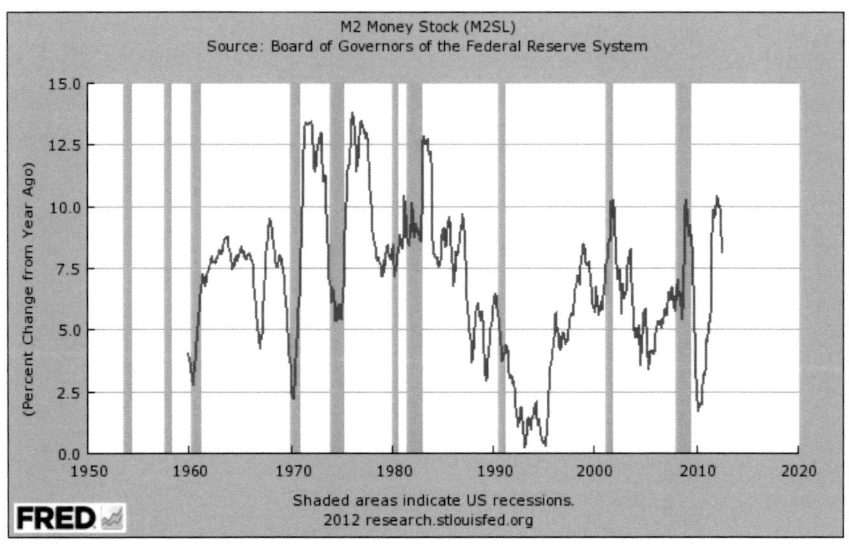

資料來源：Federal Reserve Bank of St. Louis。

圖30-3　美國的貨幣供給成長（M2年增率）與景氣循環

資料來源

Mishkin, F. S. (2010). Chapter 1 Why Study Money, Banking, and Financial Markets? In *The Economics of Money, Banking, and Financial Markets* (Ninth (Global) ed., p. 8). Pearson Education, Inc.

中央銀行（2013），貨幣總計數（月資料），擷取自中央銀行全球資訊網/統計資料/金融統計/重要金融指標/歷史檔案：http://goo.gl/1mRLFk。

國家發展委員會經濟發展處（2011年9月14日），臺灣歷次景氣循環的基準日期為何？，擷取自國家發展委員會經濟發展處全球資訊網：http://goo.gl/ZIzwxP。

國家發展委員會經濟發展處（2013年8月22日），景氣對策信號簡介，擷取自國家發展委員會經濟發展處全球資訊網：http://goo.gl/vjyPF9。

國家發展委員會經濟發展處（2013年8月22日），臺灣景氣循環簡介，擷取自國家發展委員會經濟發展處全球資訊網：http://goo.gl/KxYLmG。

案例31

殖利率反轉的意涵

2005年12月27日，美國兩年期與十年期公債殖利率分別為4.343%與4.337%，出現後者對前者殖利差為負0.6個基點（bps）的罕見現象。這是自2000年12月28日以來，首次發生的殖利率反轉現象，市場即不斷傳出美國經濟可能趨緩的解讀。雖然殖利率曲線反轉，常被市場解讀為預期經濟成長即將趨緩或是通貨膨脹受到控制，但本次兩年期與十年期公債殖利率反轉是否可以視為經濟成長趨緩的訊號，仍有待觀察。

自1970年代後期以來，美國曾發生過六次兩年期與十年期殖利率反轉的現象，分別是1978年8月、1980年9月、1982年1月、1989年1月、1989年8月及2000年2月。其中，除了1982年1月的反轉外，其餘五次自發生起平均13.2個月後皆發生美國經濟收縮的現象。但如果真正要反映經濟是否有收縮疑慮，其實還應考量三個月期與十年期公債的殖利差。

即便是三個月期與十年期利率亦發生反轉現象，仍須觀察反轉的持續時間長短與幅度以判斷經濟是否會進入收縮期。根據前述五次兩年期與十年期公債殖利率反轉領先經濟收縮的經驗，反轉持續期間平均高達10.8個月。就幅度而言，以往五次造成經濟收縮的反轉，兩年期與十年期殖利差平均分別為負72.6、負83.2、負18.9、負9.5及負

27.4個基點。因此，若真的要將此次殖利率反轉看成是美國經濟收縮的訊號，還需要更長的時間來佐證。

再則，由於名目公債殖利率包含了市場對未來通貨膨脹與經濟成長的預期。若市場對美國聯準會對抗通膨的決心深具信心，則殖利率曲線反轉的現象可以視為是通膨預期的趨緩，而非經濟成長的轉弱。

隨著經濟環境的不同，利用殖利率曲線斜率來預測未來的經濟走向是有條件的。若樣本觀察期間的經濟環境發生結構性轉變時，殖利率曲線斜率就不一定是一個很好的預測指標。歷史上，做出殖利率曲線反轉和經濟收縮呈現高度正相關的結論，所根據的樣本時段內，美國債券市場大部分是美國國內參與者。反觀2005年6月，美國長期公債市場已有約50%的國外參與者，因而創造出長天期公債的強勁需求，這就是新任聯準會主席柏南克提出的全球儲蓄過剩（global savings glut）的現象，以致壓低了長天期公債殖利率。

【摘錄：梁國源（2006年1月10日），專家論衡－美國殖利率反轉的意義，工商時報。】

問題研討

▶自1970年至今，美國經濟曾經歷過多次經濟衰退的情況。請蒐集每次經濟衰退期間之前的12個月內，美國三個月期國庫券與十年期公債殖利率資料，並計算各段期間內發生過殖利率反轉的次數與反轉的幅度。

✧案例31參考答案：

1970年之後美國的景氣循環基準日期

Business Cycle Reference Dates	
Peak	Trough
December 1969 （IV）	November 1970 （IV）
November 1973 （IV）	March 1975 （I）
January 1980 （I）	July 1980 （III）
July 1981 （III）	November 1982 （IV）
July 1990 （III）	March 1991 （I）
March 2001 （I）	November 2001 （IV）
December 2007 （IV）	June 2009 （II）

資料來源：US Business Cycle Expansions and Contractions, NBER (National Bureau of Economic Research)。

三個月期國庫券 vs. 十年期公債

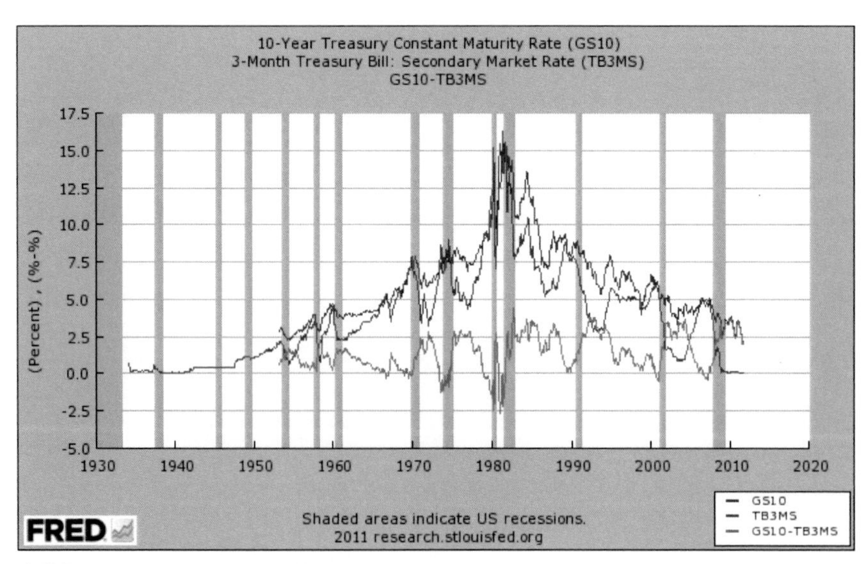

資料來源：Federal Reserve Bank of St. Louis。

期間價差（term spread）與經濟衰退[1]

景氣衰退期（自1970年以後）	景氣衰退期之前的12個月內期間價差出現負值的月數	期間價差最小值（%）
1970年01月～1970年11月	5	-0.29
1973年12月～1975年03月	6	-1.27
1980年02月～1980年07月	12	-1.65
1981年08月～1982年11月	9	-2.65
1990年08月～1991年03月	0	0.18
2001年04月～2001年11月	5	-0.53
2008年01月～2009年06月	4	-0.38

資料來源：
- US Business Cycle Expansions and Contractions, NBER (National Bureau of Economic Research)。
- Federal Reserve Bank of St. Louis。

當期長短期利差與一年後實質GDP成長率

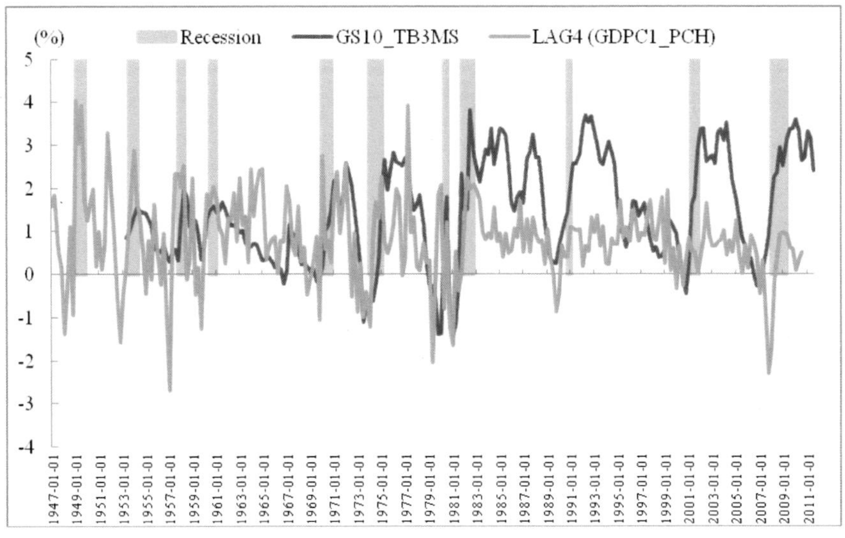

資料來源：Federal Reserve Bank of St. Louis。

---

[1] 具有相同違約風險，但期限長短不同的二種債券間之利率差距，稱為長短期利差或期間價差（term spread）。

殖利率曲線倒轉（由正斜率轉為負斜率）的可能意涵（黃志典，貨幣銀行學概論，2012）

- ▶金融市場預期未來可能發生經濟衰退
- ▶金融市場預期通貨膨脹率將會下跌
- ▶金融市場對中央銀行的反通膨政策有信心

資料來源

梁國源（2006年1月10日），專家論衡－美國殖利率反轉的意義，工商時報。
黃志典（2012），貨幣銀行學概論（第三版），臺北：前程文化事業有限公司。

案例32

安倍經濟學

2012年12月日本衆議院大選，自民黨聯盟取得三分之二以上席次，贏得壓倒性的勝利。新首相安倍晉三就任後於2013年1月底的首次國會演說裡提到，未來將透過「大膽的金融政策」、「靈活的財政政策」，以及「促進民間投資的成長戰略」等三項作為，推動日本經濟再生。

【摘錄：吳怡靜（2013年2月6日），日本首相安倍晉三：我決心恢復強有力的日本，天下雜誌（516），18-20。】

問題研討

▸這帖被媒體稱作「安倍經濟學」（Abenomics）的猛藥，其基本內涵為何？

▸金融政策所帶來的初步成效與造成的影響為何？

✧案例32參考答案：

▍安倍內閣經濟政策的內涵[1]

▸財政政策內涵

[1] 財政政策與貨幣政策的內容係參考：中央銀行，美、日量化寬鬆政策，2013、謝德健（2013）；產業政策的內容則係取自：工商時報，社論－安倍「第三支箭」

- 緊急經濟對策（規模達20.2兆日圓）
  - □ 災後重建與防災
  - □ 支援產業成長創造財富
  - □ 安定民生與活化區域經濟

▸財政政策預期效益
- GDP每年提高2%（2013.4～2015.3）
- 創造約60萬個工作機會

▸貨幣政策內涵
- 資產買入計畫 ⇨ QE
  - □ 總規模將達101兆日圓（2010.10～2013.12）
- 將通膨目標由1%提高至2%
- 無限期買入資產操作 ⇨ QE Forever
  - □ 每月買入13兆日圓資產（2014.1～）（包括：長期公債、國庫券、其他資產）
  - □ 總規模將達111兆日圓（2014.12）
- 兼具量化及質化寬鬆的「雙QE」
  - □ 進行資產買入向市場注資以增加流動性（量寬）
  - □ 買入長天期資產以壓低長天期利率（質寬）

▸貨幣政策預期目標
- 兩年內將通膨提高至2%
- 脫離通縮

▸產業政策內涵－產業結構革新與自由化
- 推動自由經濟特區
  - □ 大幅調降特區內的公司稅率
  - □ 採用更彈性且具有國際競爭力的勞工規範
- 醫生與大學教授聘用的國際化

將對臺灣造成重大衝擊，2013、工商時報，社論－小心安倍的第三支箭，2013。

- □八所日本頂尖大學騰出1,500個專職教授的正式職缺，在未來三年內，引進國際一流的教授與研究學者，澈底將日本的頂尖大學推向國際化。
- □開放外國醫師到日本執業、吸引外國醫療體系到日本經營，並且開放網路銷售一般常用藥品，打破藥業既有的藩籬。

• 農業產銷結構改革
- □將目前單打獨鬥的小農經濟，轉型為由大型企業主導具有規模化與科技化的企業型農業。
- □對高附加價值農業進行更深入的投資，並加大國際行銷力度。

• 文創產業外銷
- □以「酷日本」為行動核心，成立預算金額高達500億日圓（約新臺幣150億元）的「酷日本促進機構」，推廣日本動漫、電影、電視等文化創業產品。

• 電力市場自由化
- □將發電廠與電網分離，創造自由競爭的電力市場。

• 基礎建設產業科技化與出口
- □引進新的科技與材料，將日本逐漸老舊的基礎建設活化、延長使用壽命。
- □將基礎建設活化的工程以及未來的營運，移轉給民間企業，創造新的具有國際競爭力的基礎建設行業。

▶產業政策預期目標
- 創造每年高達70兆日圓（相當於7,000億美元或是21兆新臺幣）的新增民間投資。
- 將目前每年4,500億日圓的農業出口值，在2020年前倍增到1兆日圓（相當於新臺幣3,000億元）。
- 未來五年內文創產品的海外銷售額提升三倍。同時，將國際觀光客的數量從目前的每年800萬人次，提高至每年2,000萬人次。
- 在2020年以前，將基礎建設出口值擴增三倍至每年30兆日圓。

安倍內閣寬鬆貨幣政策的初步成效

▶金融市場

- 匯市：日圓貶破US$1＝J¥ 100 （2013.5.10）（陳怡均、呂清郎，2013）
- 股市：日經225指數漲幅超過60%（2012.11～2013.5）
- 債市：日本10年期公債殖利率下跌（0.91% → 0.45%）（Bloomberg, 2013）

▶產業

- 房地產：房地產市場交易持續熱絡（蔡承啟，東京3月住宅銷售戶數大增48% 7個月來首增，2013）
- 汽車業：三大車廠（豐田、日產和本田）獲利大增（吳慧珍，豐田、本田獲利大躍進，2013）

▶輿論（民意支持度）

- 內閣支持率攀升至新高（鄭杰，2013）
- 消費者信心指數創2007年5月以來新高（蔡承啟，日圓貶 日本3月份消費者信心指數創07年5月來新高，2013）

安倍內閣寬鬆貨幣政策的影響評估

▶對世界各國經濟與產業發展的衝擊

- 歐洲經濟：衝擊歐洲出口 ⇨ 歐元區經濟復甦遲緩（蔡鵑如，2013）
- 歐美產業：汽車業（德國、美國）、高階製造（機械、電子等）業（鄧麗萍，2013）
- 亞洲各國產業（鄧麗萍，2013；中央銀行，新聞參考資料：近期日圓貶值之成因與影響分析，2013）
  - □ 南韓的造船、鋼鐵、汽車、電子等產業受創
  - □ 印尼、馬來西亞等原物料出口國受惠
  - □ 臺灣：汽車/自行車/工具機/面板/IC載板/旅行業 ⇨ 受惠

PCB軟硬板/被動元件/面板中游材料/旅館業 ⇨ 受害

▶泡沫經濟、日圓套利交易死灰復燃（蕭勝鴻，2013；張翔一，2013）

- 熱錢流竄 ⇨ 泡沫化經濟
- 日圓貶值 ⇨ 借日圓買外幣資產（資金外流）⇨ 日圓套利交易再次興起⇨ 渡邊太太（日本炒匯散戶）重出江湖

▶以鄰為壑、掀起貨幣競貶戰爭

- 日圓貶值 ⇨ 操縱匯率？反映經濟現實？（陳竫詒、辜樹仁，2013）
- 人民幣仍對美元緩升 ⇨ 亞幣競貶機率不高[2]（張翔一，2013；張翔一、辜樹仁，2013）

▶央行的角色定位（蔡鵑如，2013；工商時報，社論－日本師法美國寬鬆貨幣政策後的影響，2013）

- 20世紀70至90年代期間
  - □ 工業化國家央行被授與高度獨立性 ⇨ 核心任務為穩定物價
- 金融海嘯、歐債危機相繼爆發之後
  - □ 經濟發展停滯 ⇨ 竭盡所能、不惜一切、想盡辦法救經濟 ⇨ 淪為配合執政當局執行政策目標的附庸

資料來源

Bloomberg（2013年5月14日），GJGB10:IND，擷取自Bloomberg.com：http://www.bloomberg.com/quote/GJGB10:IND。

工商時報（2013年6月13日），社論－小心安倍的第三支箭。

工商時報（2013年1月30日），社論－日本師法美國寬鬆貨幣政策後的影響。

工商時報（2013年5月22日），社論－安倍「第三支箭」將對臺灣造成重大衝擊。

中央銀行（2013年1月28日），美、日量化寬鬆政策，擷取自http://homepage.ntu.edu.tw/~ntut019/Modern/QE-USJapan.pdf。

中央銀行（2013年1月29日），新聞參考資料：近期日圓貶值之成因與影響分析，擷取自中央

[2] 1995年4月，日本在美國政府的默許下，讓日圓對美元匯價由79.92，一路貶到1998年8月的147.62。結果造成韓國、印尼、泰國等各國出口競爭力嚴重受損。索羅斯等投機客，放空這些國家的貨幣，造成骨牌效應般的亞洲金融風暴，當時南韓甚至還被迫接受國際貨幣基金（IMF）的紓困。（陳一姍，2013；蕭勝鴻，2013）

銀行全球資訊網：http://goo.gl/yhR7Ci。
吳怡靜（2013年2月6日），日本首相安倍晉三：我決心恢復強有力的日本，天下雜誌（516），18-20。
吳慧珍（2013年3月16日），豐田、本田獲利大躍進，擷取自中國時報讀者服務網：http://reader.chinatimes.com/forum_134523.html。
張翔一（2013年1月9日），日圓重貶 臺灣是福是禍？，天下雜誌（514），84-86。
張翔一、辜樹仁（2013年2月6日），人民幣搶當貨幣老大哥，天下雜誌（516），170-175。
陳一姍（2013年4月17日），如果日圓貶破100，天下雜誌（520），86-90。
陳怡均、呂清郎（2013年5月11日），亞幣全倒臺幣下看3字頭，工商時報。
陳竫詒、辜樹仁（2013年2月6日），安倍下猛藥 全球停滯的出路？，天下雜誌（516），178-180。
蔡承啟（2013年4月17日），日圓貶 日本3月份消費者信心指數創07年5月來新高，精實新聞，擷取自鉅亨網：http://goo.gl/V4D8OG。
蔡承啟（2013年4月18日），東京3月住宅銷售戶數大增48% 7個月來首增，精實新聞，擷取自鉅亨網：http://goo.gl/MkV7VW。
蔡鵑如（2013年1月23日），德：勿燃貨幣競貶戰火，中國時報，擷取自中時電子報：http://goo.gl/5nXkAB。
鄧麗萍（2013年2月4日），「雙田」重創韓國現代—雙B 挫咧等，商業周刊（1315），98-100。
鄭杰（2013年4月22日），安倍經濟學成新顯學！日經調查：安倍政府支持率衝上76%高點，擷取自鉅亨網：http://goo.gl/SW46N9。
蕭勝鴻（2013年2月4日），熱錢狙擊目標－鎖定挪威、瑞典，商業周刊（1315），102-103。
謝德健（2013年4月5日），國金大勢：「雙QE」超美 日抗通縮最後豪賭，擷取自sina新浪香港財經新聞：http://goo.gl/VWdnVN。

案例33

底特律市的浴火重生

昔日美國製造業實力的象徵、孕育汽車工業的搖籃、曾經是美國三大車廠【通用（General Motors）、福特（Ford）、克萊斯勒（Chrysler）】的總部與全球最大的汽車產業聚落、輝煌時期人口近200萬曾為全美第四大城的底特律（Detroit），因無力償還債務，已依據美國地方政府（包括：市、鎮、鄉、郡等自治單位）破產法令【Municipality Bankruptcy（Chapter 9）】，於2013年7月18日向美國聯邦法院聲請破產保護，並於2013年12月3日經聯邦法院法官裁定符合破產保護的條件。就城市規模（約70萬人口）與債務金額（超過180億美元）而言，堪稱美國史上最大規模的地方政府破產案。

作出這項裁定的聯邦法官羅茲（Steven Rhodes）表示，「這座城市已經沒有資源提供市民基本服務。為了扭轉現今的頹勢、吸引民眾遷入並振興當地，底特律需要協助。」（諶悠文，2013）雖然羅茲認為，底特律沒有誠意和債權人協商，然而，由於債權人數超過10萬，協商已經沒有必要，底特律破產已成定局，而且應該在幾年前就這麼做。為了協助振興底特律，羅茲並裁定市府員工退休金不受州憲法保護，當局可以削減。擔心退休金泡湯，工會和退休員工代表聚集在聯邦法院外舉牌抗議。而密西根州州長施耐德（Rick Snyder）則稱許這項裁決，是底特律「朝向更光明的未來邁進」唯一「可行」的方法。（諶悠文，2013）

問題研討

- ▶地方政府向聯邦法院聲請破產保護的目的為何？須符合什麼要件？
- ▶請以經聯邦法院法官裁定（批准）進入破產保護程序的地方政府為例，說明法官就地方政府聲請破產保護案件，准駁裁定之考量為何？進入破產保護程序的地方政府會採取什麼作為？又會造成什麼影響？
- ▶目前底特律的城市發展現況（如：人（戶）均所得、失業率、治安、房市等）為何？試以產業發展、城市管（治）理、與財政收支等面向說明底特律破產的原因。
- ▶底特律失敗的經驗對其他城市與國家的發展帶來什麼樣的啟示？

✧案例33參考答案：

▍美國破產法令－Chapter 9: Municipality Bankruptcy

▶聲請破產保護的目的

- 保護聲請破產城市在協商債務重整與提出償債計畫期間，免於受到債權人對該城市及其財產作出索債要求的法律行動所干擾。
  【債務重整的作法包括：債務展期、免除債務部分本息，以及債務再融通等】
- 提供基礎公共服務，維持市政正常運作。

▶聲請破產保護的要件

- 聲請破產保護的市政單位必須是附屬政治單位、政府部門或其所屬事業機構。
- 聲請破產保護的市政單位必須：
  - □ 依法獲得授權。
  - □ 無力償債。
  - □ 有重整債務的意願。
  - □ 償債計畫獲得多數債權人同意；或誠意與債權人協商償債計畫，

但無法獲得多數債權人同意；或無法與債權人協商因為協商難以進行或可以合理地相信有債權人企圖要求優先求償。

城市破產個案：加州斯托克頓市（Stockton）（魏國金，2013）

▶城市概況

- 位於加州北部，人口近30萬，是加州第十三大城市，經濟以農業、通信和製造業為主。
- 房市榮景時大興土木，並為市府員工提供優渥退休與健康照護福利。
- 2008年美國房市開始崩盤，稅基瞬間縮減70%。2012年6月，在與華爾街債權人的協商破局後聲請破產保護。
- 2013年的債務達2,600萬美元，為減赤已減少四分之一警力、三分之一消防人員與40%公部門雇員，同時減薪與縮減醫療福利。
- 由於警力大幅縮編，暴力犯罪率大幅攀升，2011～2012年暴增25%，犯罪率與失業率在美國均名列前茅。
- 過去三年共削減900萬美元支出，但仍不足以維持市政正常運作。

▶法官批准破產保護的理由及可能造成的影響

- 若無破產保護，該市將無法提供基礎公共服務。
- 依據破產法第九章提出債務重整計畫，其內容包括要求債權人同意減債、公共部門人事縮編、縮減公共服務，以及削減公務員退休福利等。

底特律市政現況[1]

▶失業率：18.6%【全美：7.6%（2013.6）】

▶貧戶比例：36.2%【紐約市：19.4%】

▶人均年收入：15,261美元

---

[1] 資料取自：賴筱凡（2013）；BBC中文網，新聞背景：陷入嚴重財政危機的底特律，2013；BBC中文網，美聯邦法官批准底特律破產保護申請，2013。

▶平均每戶年所得（新臺幣）：84萬元【臺灣：116萬元（2011）】

▶報案後員警到達現場時間：58分鐘【全美：平均11分鐘】

▶警員數：2,600人（2013年）【4,000人（2003年）】

▶犯罪率：2,137人/每10萬人【紐約：623人／每10萬人】

▶廢棄建築物：7.8萬座

▶危險住宅：3.8萬戶

▶40%以上的街燈無法正常運作

▶三分之一的公園乏人管理、形同廢棄

▶2008～2012四年間每年負債都超過1億美元、債權人10萬多名

▶2008年CQ Press列為美國犯罪率第三高的城市

▶2012年《Forbes》雜誌評為美國最悲慘（痛苦）城市

底特律破產的原因

▶仰賴單一產業發展

- 1920年代，整個底特律市及其周邊城鎮，生產全球90%的汽車。雖然經歷了1929～1932年的美國經濟大蕭條，底特律的汽車工業仍然是全球首屈一指。就業機會持續增加，人口也隨之遷入，最盛時期底特律是美國第四大城市，人口近200萬人，稅收隨著產業及人口不斷擴張而成長，市府財政狀況良好。然而，成也汽車、敗也汽車，整個大底特律地區，只仰賴單一產業，雖然戰後嬰兒潮的人口趨勢與汽車需求同步，然而一旦人口成長趨緩，汽車需求不再強勁，底特律的城市競爭力便隨之降低。（工商時報，社論－底特律破產啟示：競爭力才是硬道理，2013）

▶產業競爭力下降

- 工會勢力的崛起，固然為廣大勞工爭取更好的工作環境，以及更高的薪資與福利，並得以與企業主一起分享成長的果實；然而，整個產業的生產成本也因此提高，造成產業競爭力下降。企業主於是逐漸將工廠移往海外，以貼近市場，並藉此提升企業競爭力。（工商

時報，社論－底特律破產啟示：競爭力才是硬道理，2013）

- 另外，日本汽車產業快速崛起，以低廉的價格，及符合市場需求的優越產品，不但搶食全球汽車市場，更打入世界最大汽車生產國的市場。面對來自日本的挑戰，底特律的初始反應顯得遲鈍與傲慢。兩次能源危機並沒有讓美國汽車產業覺醒，仍然生產高油耗的龐然大物，殊不知市場已經轉向節能小車，美國汽車在國內外市場上的競爭遂節節敗退。（工商時報，社論－底特律破產啟示：競爭力才是硬道理，2013）

▶種族衝突

- 1960年代，民權運動引發種族對立，導致黑人居民與白人社會發生流血衝突，出現了美國歷史上有名的「白人逃離」事件。現今底特律的市中心，大部分居民都是黑人，而白人則逃離至郊區。由於客觀上白人相對在經濟實力和教育程度上都處於優勢地位，因此對底特律城市發展所帶來的衝擊，不言可喻。1960年代的動亂之後，底特律開始從巔峰跌落。（新華網，2013）

▶稅收減少　公共服務品質下降　房地產價格下跌

- 自1960年代開始出現產業外移，加上種族衝突、治安不佳、犯罪率高，人口紛紛搬遷；另外，汽車產業陸續進行多波自動化、外包以及裁員等措施。這些因素均導致稅基流失，市政府稅收減少，並進而造成公共服務品質下降與房地產價格下跌。底特律市的發展從此陷入「產業與人口外移 → 稅基流失、稅收減少 → 公共服務品質下降 → 房地產價格下跌 → 產業與人口再外移 → ……」的惡性循環。（中國時報，社論－產業未能轉型 底特律破產啟示錄，2013；俞偉雄，2013）

▶財政負擔沉重

- 高額的退休金和醫療保險，曾讓底特律成為勞動階層的天堂，但也成為一個沉重的包袱。隨著汽車產業的衰退、失業率上升、稅收減少，而福利開支卻增加。為維持運轉，只能債務高懸。由於工會勢力強大，勞工權益受到保障，削減福利必然會遭到反對和抵抗。（新華網，2013）根據底特律市的緊急財務管理人歐爾對外發布的資料顯示，底特律背負180多億美元的負債中，有高達六成（超過100億美元）是要負擔退休公務人員的退休金與醫療補助。（乾隆來，兩萬退休公務員　成壓垮財政最後稻草，2013）

底特律破產的啓示

▶城市與國家產業發展應具備多元化與轉型意識

- 當美國的汽車業開始萎縮時，底特律因為把雞蛋全放在這個籃子裡，沒有力圖多元轉型，創造更多產業活動，經濟命脈也跟著汽車生產線一起凋萎。從底特律的例子可以看出，城市發展一定要適時轉型，不能指望靠著一項產業就可保持永續發展。全球競爭如此激烈，如果不能培養出靈活應變的能力，以及多項有競爭力的產業，就很可能因為商機轉移而走向沒落。（中國時報，社論－產業未能轉型　底特律破產啟示錄，2013）
- 在中國大陸也有許多城市因礦產資源而創造出一系列的經濟神話，然而隨著礦產資源的枯竭，這些城市正快速走向衰退。這種「因資源而生，也因資源而亡」的案例，正在大陸許多城市重複上演。若不及早規畫出資源型城市可持續發展的模式，並積極推動城市轉型，最終恐將步上底特律破產的後塵。（梁世煌，2013）為此，大陸國務院日前發布了《全國資源型城市可持續發展規畫（2013-2020年）》（以下簡稱《規畫》）。這項關於資源型城市可持續發展的國家級專項規畫點出67個資源衰退型城市，並明確指出這些城市必須在2020年之前基本完成轉型目標。過去這些資源型城市普遍存在資源型產業「一業獨大」的問題，而且這些資源型城市多以超強度資源開發方式比拚GDP成長。《規畫》中所界定的各個資源型城市，未來將會成為維護大陸能源資源安全的保障地，以及推動新型工業化和城鎮化的主戰場。（梁世煌，2013）

- 產業多元化與產業轉型意識不只是針對城市產業發展層面而已，整個國家的產業發展政策也應具有這種的思維。臺灣是一個出口導向的經濟體，出口好壞對臺灣經濟影響甚鉅。近年來臺灣產業發展過度集中於電子資訊產業，2010年臺灣出口產品裡就有四成集中於電子與資訊產品，產業過度集中便容易受景氣波動衝擊，造成經濟動盪。然而，臺灣的競爭對手南韓，其電子與資訊產品僅占出口兩成，其餘船舶、汽車、石化產品也都各占一成，家電、紡織也各有一席之地。南韓均衡的產業結構，使其不致受單一產業循環的衝擊。（工商時報，社論－台灣經濟走緩不只是景氣循環問題，2012）
- 另外，長期以來臺灣政府投入龐大資源扶植代工模式等低附加價值產業。在全球化生產鏈裡所處的代工地位，雖使臺灣不少電子、資訊產品的產量在全球名列前茅，但所創造的附加價值卻日益微薄。臺灣製造業的附加價值率由1991年的28.8%，下降至2001年的26.8%，2010年更驟降至21.3%。（工商時報，社論－評析臺灣薪資變化的三個十年，2012）政府的產業政策（租稅優惠與補貼等）與金融政策（低雙率）明顯拖慢了產業升級轉型的腳步，臺灣的產業發展仍無法擺脫以代工、製造為主的模式，淪入利潤微薄，無法提升附加價值，只知壓低成本的惡性循環。（黃琴雅，2012；中國時報，社論－衝競爭力　結構性改革已無可避免，2013）[2]
- 政府執政當局必須以底特律破產為鑒，及早掌握趨勢走向，積極發展與扶植適合的新產業，並以前瞻性的眼光通盤規畫並加速推動既有產業的升級轉型，以免重蹈底特律失敗的覆轍。

▶退休金制度改革刻不容緩

- 美國各城市的市府員工、警察和消防人員幾乎都享有不錯的退休金

---

[2] 低利率可降低企業的資金成本；低匯率則有利於企業的產品出口。另外，企業透過引進廉價的外籍勞工、享受政府提供的金融優惠、租稅減免和出口補貼等措施，即可壓低生產成本而獲利，何須產業升級！

待遇。通常在經濟表現好的時候，因為市府收入增加，市府退休福利也會跟著提升，尤其是警察和消防隊員，因為有強勢的工會，通常都會為自己爭取到很好的福利。可是問題就出在經濟變差時，儘管地方政府稅收大幅減少，但對過去承諾的退休金福利卻不能縮水。

- 其實不只是底特律，美國有許多地方政府都面臨相同的退休金問題，2012年加州聖貝納迪諾市（San Bernardino）就是因為沉重的退休金負擔而宣告破產。由於退休金的承諾與支付是長期的，一直要到退休員工死去才結束支領。過去幾十年，隨著美國人民壽命延長，戰後嬰兒潮老年人口比重提高，傳統的退休金制度面臨了結構性缺陷，如果地方政府不應變，最終只能走向破產之路。（俞偉雄，2013）
- 公務員退休福利拖垮政府財政的警訊，也值得臺灣執政當局警惕。雖然政府部門曾進行組織改造、精簡部會，但公務員人數卻不減反增，公務體系繼續肥大。（乾隆來，公務體系越減越肥　恐步底特律後塵，2013）另外，根據學者的研究指出，光是在1995年之前適用退休舊制的公務員，政府必須負擔的退休經費就超過新臺幣1兆元；1995年之後雖採用新制，但仍然存在政府撥補的責任。而且，早年在規畫退撫基金時，係以年報酬率7%來制定財務模型，但近幾年退撫基金的實際報酬率皆未達2%。政府在舊制退撫必須負擔超過1兆元的給付義務，新制退撫又出現報酬率嚴重落差，政府若不加速進行公務人員退休制度改革，恐將面臨財政破產的命運。（乾隆來，公務體系越減越肥　恐步底特律後塵，2013）

▶透過稅制改革改善財政收支結構解決財政困境

- 底特律財政收入過於單一，城市80%的經濟依靠汽車產業，產業單一造成財政收入來源單一，風險極大。當所倚重的產業蓬勃發展時，財政收入直線上升，而產業一旦遇到困難，財政受到的打擊也會格外巨大。（媒體解析底特律破產的八大原因，2013）

- 賦稅的結構性問題，同樣也會反映在中央政府的層級。臺灣政府為促進經濟，大力推動調降稅率等減稅措施來提振經濟，自2004年起，總計通過26項增減稅措施，其中6項增稅挹注1,006億元稅收，但16項減稅卻讓稅收損失1,448億元，增減相抵後仍損失441億元，導致國家財政入不敷出。為弭平缺口，政府大幅舉債，已對經濟發展產生排擠，政府及公營事業公共投資占GDP比重已由2009年的5.5%，降到2012年的4.4%。（崔慈悌，2013）
- 另外，臺灣的稅收占GDP的比率（賦稅負擔率）連年下滑，由1992年的18.6%降至2012年的12.8%，幾乎已是全球最低[3]。臺灣的賦稅負擔率過低說明賦稅結構大有問題，這個扭曲的結構若不加以修正，左支右絀的處境必然逐年加劇，未來即使經濟成長也救不了財政困境，屆時又得舉債，長此以往，勢必重蹈歐債危機的覆轍。（工商時報，社論－明年預算左支右絀的原因與解決之道，2013）財政為庶政之母，若不改革稅制以充實財政收入，不僅財政會垮，經濟也將加速沉淪。

▶城市發展必須秉持和諧共生理念

- 1960年代，底特律黑人為爭取權利而開展民權運動，卻演變成全美規模最大、破壞性最強的種族矛盾衝突，留給底特律永遠的傷痛。由於城市階層對立，暴力犯罪案件頻仍，底特律成為美國犯罪率最高的城市之一，許多人因而逃離家園，城市中荒廢的摩天大樓、工廠和住宅隨處可見。誠如聯合國人類住區規劃署在「良好城市治理」運動中所昭示的良好城市治理標準之一，城市必須確保市民的生命、財產與自由等基本權利免於被剝奪，也必須避免市民間的衝突和犯罪行為。一個城市若能維護每個市民平等發展的基本權利，便能夠營造出彼此互相包容的和諧共生環境。

---

[3] 賦稅負擔率即便在一向被認為賦稅最輕的星、港，仍達14.1%，南韓為19.8%、日本16.3%、美國19.4%，至於德、法等歐洲全數在20%以上。（工商時報，社論－小心安倍的第三支箭，2013）

補充資料：美國負債規模前六大的地方政府破產案件（夏嘉翎，2013）

破產城市	負債（美元）	影響人口（萬人）	發生年	重整措施	後續發展
底特律市（Detroit）	185億	70.1	2013	緊急財務經理人聲請破產保護	法院駁回破產聲請，州檢察官再上訴*
傑佛遜郡（Jefferson County）	42億	65.9	2011	■ 削減福利 ■ 大量裁員	2013年6月提交新重組計畫，可望於2013年底前脫離破產保護
橘郡（Orange County）	20億	240.0	1994	■ 削減支出 ■ 大量裁員	1996年已脫離破產保護，信用評比重升至AAA等級
斯托克頓市（Stockton）	10億	29.2	2012	■ 削減福利 ■ 裁減警消人員 ■ 關閉部分圖書館與公園	和債權人重新談判，市區因削減警政成本，反使犯罪率升高
聖貝納迪諾市（San Bernardino）	4.92億	21.3	2012	■ 降低公部門工資 ■ 關閉圖書館 ■ 大量裁員	預計得經過12到18個月以上的重組過程；犯罪率急遽升高
瓦列霍市（Vallejo）	1.75億	11.6	2008	■ 削減福利 ■ 裁減警消人員 ■ 關閉圖書館	2011年底脫離破產保護；居民自組巡守隊整頓市容

附註：*聯邦法院法官已於2013年12月3日批准底特律市的破產保護聲請。

資料來源

BBC中文網（2013年12月3日），美聯邦法官批准底特律破產保護申請，擷取自BBC中文網：http://goo.gl/v6f3bs。

BBC中文網（2013年7月19日），新聞背景：陷入嚴重財政危機的底特律，擷取自BBC中文網：http://goo.gl/2wnTcs。

工商時報（2012年11月5日），社論－臺灣經濟走緩不只是景氣循環問題，擷取自中時電子報：http://goo.gl/SpXfI。

工商時報（2012年10月15日），社論－評析臺灣薪資變化的三個十年，擷取自中時電子報：http://goo.gl/dZWa4Z。

工商時報（2013年7月25日），社論－底特律破產啟示：競爭力才是硬道理，擷取自中時電子報：http://goo.gl/dKHAZr。

工商時報（2013年6月18日），社論－明年預算左支右絀的原因與解決之道，擷取自中時電子報：http://goo.gl/vqSHIR。
中國時報（2013年7月23日），社論－產業未能轉型 底特律破產啟示錄，擷取自中時電子報：http://goo.gl/mUAC3l。
中國時報（2013年6月5日），社論－衡競爭力 結構性改革已無可避免，擷取自中時電子報：http://goo.gl/QlRzWZ。
俞偉雄（2013年8月8日），四大原因 底特律破產啟示錄，擷取自世界新聞網：http://goo.gl/Bquvpm。
夏嘉翎（2013年7月24日），60年盛轉衰 底特律該如何重生？，商業周刊（1340），108-110。
乾隆來（2013年7月29日），公務體系越減越肥 恐步底特律後塵，今周刊（866），128。
乾隆來（2013年7月29日），兩萬退休公務員 成壓垮財政最後稻草，今周刊（866），122-126。
崔慈悌（2013年8月16日），窮政府擺闊 8年稅損441億，工商時報。
梁世煌（2013年12月5日），底特律破產 陸城市殷鑑不遠，旺報。
媒體解析底特律破產的八大原因（2013年12月4日），擷取自中國證券報（中證網）：http://goo.gl/I7hUzO。
黃琴雅（2012年9月20日），破解GDP迷思，不要只救出口 台灣也有好工作！，新新聞（1333），48-56。
新華網（2013年7月19日），底特律為何破產？芝加哥為何成功轉型？，擷取自大公網：http://news.takungpao.com.hk/world/focus/2013-07/1772741.html。
諶悠文（2013年12月5日），裁定底特律破產「早該這麼做」，中國時報。
賴筱凡（2013年7月24日），美國復甦 為何救不了底特律？，今周刊（866），110-119。
魏國金（2013年4月3日），加州斯托克頓 美破產最大城市，自由時報，擷取自自由電子報：http://www.libertytimes.com.tw/2013/new/apr/3/today-int4.htm。

案例34

銀行的營運與管理

台塑集團高達830億元的聯貸案於2013年11月14日簽約，這是近年來國內規模最大的聯貸案，也是台塑集團六輕各期投資計畫後，九年來最大規模的聯貸案。此聯貸案由兆豐銀、臺銀、合庫銀、華南銀、土銀及中國建設銀行等六家銀行共同主辦，共有20家銀行參貸。此案也是2013年6月在臺開行的中國建設銀行首宗共同主辦的聯貸案，中國銀行也是參貸行，兩家陸銀合計認貸金額破百億元，為陸銀在臺參貸金額最高的聯貸案。

本聯貸案由兆豐銀及臺銀擔任管理銀行，資金主要用途是提供台塑、台塑化、南亞、台化四大公司轉投資國內外事業（包括轉投資越南台塑河靜鋼鐵）、購建廠房機器設備等資本支出，及償還既有銀行貸款之用，並以雲林縣麥寮鄉六輕工業園區的土地為擔保品，授信期間七年，利率約1.7%。

台塑聯貸案原定籌募700億元，但因各銀行踴躍認購，短短兩個半月內總認參金額即高達新1,200億元，超額認貸比例逾71%，最終認貸總額830億元。若再計入日前完成簽署的寧波擴廠等值新臺幣150億元的聯貸案，以及預定2013年底前完成簽署的南亞科120億聯貸案，那麼台塑集團2013年底前從銀行體系取得的新聯貸資金，將突破1,000億元。

然而，金管會在調查近來的一起大型聯貸案中發現，有三家銀行確實出現惡性殺價、不敷成本的情況。金管會主委表示，銀行授信利率除了考慮資金成本、信用風險、人事費用外，也應遵守產業、借款者股東結構、擔保品、未來展望及訂價策略等授信5P原則，不應出現惡性削價競爭。行庫高層無奈地說，市場資金太多、供過於求，主管機關一再要求不要殺價競爭，但總要為資金找出路，雖然銀行董總對外總信誓旦旦地說要「拉利差」、「質重於量」，但最後聯貸案簽下的利率條件都殺得很難看。

【摘錄：沈婉玉（2013年11月15日），台塑聯貸2陸銀認貸逾百億，中國時報；沈婉玉（2013年11月9日），銀行惡性競爭 金管會緊盯，中國時報；朱漢崙（2013年11月9日），700億→830億 台塑聯貸案 再掀超額認購潮，工商時報。】

另外，金管會於2013年11月底才宣布，開放大陸境內政策性銀行、國有商銀或股份制商銀，臺灣金融機構於大陸設立的子行，在大陸有註冊公司的1,100家上市櫃公司等，在臺發行人民幣計價的寶島債。結果不到兩週的時間，已有中國銀行、中國交通銀行、中國建設銀行及中國農民銀行「中、交、建、農」等4家陸銀，完成申請且總發行額度67億元人民幣全數募集到位，並同步在2013年12月10日正式掛牌，吸金能力與國內企業發行公司債比較，無人能及。參與募集的專業投資人都是國內金融業者，包括銀行、券商、保險公司、各類基金、票券、投信等都有，而負責主辦承銷的國內銀行有兆豐銀行、臺灣銀行、匯豐銀行和中國信託銀行。

櫃買中心表示，這4檔陸銀發行的寶島債，發行額約在12～20億元人民幣之間，總規模67億元人民幣。發行的存續期間最短兩年、最長五年；票面利率介於3.15%到3.7%之間，其中以交通銀行的3.7%最高。櫃買中心強調，陸企發行的人民幣寶島債只銷售給專業投資機構，一般投資人無法參與買賣。銀行業者指出，過去吸收人民幣存款，但苦無利率高的去化管道，只得轉存中銀，如今有寶島債可去化，只要這個管道維持暢通、而且開更大（指金管會調高額度），對發展成為人民幣離岸中心將是利多。

然而，有立委在國會質詢時指出，很多投信業者不想投資寶島債，因其發行利率只有3%，比香港點心債5%低很多，但卻因這次有4家具中國官方色彩的陸銀來台發債，為了搶西進布局的利益才去捧場。對此，金管會主委表示，寶島債利率過低，是因主辦承銷銀行惡性殺價競爭的結果。有業者到金管會檢舉，指兩家公股銀行承銷寶島債發行，不僅承銷手續費殺價，連票面利率也殺價，影響投資人權益，金管會已在查證中。

【摘錄：洪正吉（2013年12月10日），陸銀寶島債 熱到最高點，中國時報；黃琮淵（2013年12月10日），人民幣匯價 昨天再創新高，中國時報；楊毅、洪正吉、黃琮淵（2013年12月10日），臺銀兆豐惡搶寶島債 金管會怒，中國時報。】

問題研討

- 在台塑聯貸案中，出現超額認貸的可能原因為何？
- 銀行授信實務中所謂的5P與5C原則所指為何？
- 一般人除了透過銀行管道（包括：申貸、動用循環信用、預借現金）融通資金外，還可利用什麼合法的方式來進行資金周轉？
- 報載立法院擬修法將民法最高借款利率自20%調降至16%，此舉引發銀行業及其主管機關金管會的關切。金管會強調，調降利率上限雖然立意良善，但結果可能適得其反。請簡要說明調降借款利率上限所可能帶來的反效果。

✧案例34參考答案：

▍台塑聯貸案中出現超額認貸的可能原因[1]

▸景氣低迷，企業集團新籌組的聯貸案愈來愈少，國銀「錢滿為患」。

▸除帶有官方色彩的高鐵聯貸案外，台塑集團830億元聯貸案為臺灣金融市場近年來金額最龐大的聯貸案。

▸相較近期非土建融的大型企業集團新臺幣聯貸案而言，聯貸條件不差（聯貸利率接近1.7%），致使銀行參貸踴躍。

▸台塑集團債信良好且提供「十足擔保品」。

▸台塑集團對銀行的業務貢獻良好。

▸台塑集團本業及其轉投資事業獲利大幅成長，未來投資及轉投資計畫前景可期。

▍銀行授信實務中的5P與5C原則

▸5P（霍德明、莊希豐，2006）

- 個人因素（personal factor）
  - □透過調查借款者的責任感、經營成效，以及與銀行往來情形等，藉以瞭解借款者履行債務契約的意願與能力、經營能力與業務實績。
- 資金用途（purpose）
  - □銀行放款的資金用途一般可分為取得生產性資產，以及償還債務與股東墊款等兩類；前者具有增強生產力之用途，而後者則須承擔相當程度的授信風險。

---

[1] 台塑聯貸案中有三家銀行遭同業檢舉有低價搶貸的情事，被點名為其中一家的兆豐銀行則向金管會說明積極爭取此聯貸案的理由，包括：台塑集團聯貸案有十足擔保、聯貸利率符合台塑集團的評等、銀行參貸踴躍，以及台塑集團對銀行的業務貢獻良好等，而此說明也獲得金管會的認同。（陳慧琳，2013）

- 還款來源（payment）
  - □借款者自償性貸款係以應收客戶票據為還款來源；而臨時性與季節性的周轉金貸款係以銷貨收入為還款來源；至於經常性的周轉金貸款與資本性貸款則分別以現金收支餘額與現金流量為還款來源。
- 債權保障（protection）
  - □分為擔保品保障與保證人保障兩種。針對擔保品的部分，銀行注重在擔保品的完整性、可靠性與變現性，並須確認擔保品是否有重複抵押或設定他項權利等情事；至於保證人的部分，銀行則是要求保證人必須信用良好。
- 投資展望（prospect）
  - □銀行放款後所需承擔的成本包括資金運用的機會成本（亦即，其他投資機會的潛在獲利）；銀行放款後所獲得的利益除了放款的利息與手續費收入外，還包括由放款引申的其他業務往來。

▶5C（李榮謙，2011）

- 品格（character）
  - □對借款人聲譽良窳的評價。
- 能力（capability）
  - □對借款人進取心、教育程度、經驗及管理能力的評價。
- 資本（capital）
  - □對借款人所握有資本的型態與價值的評價。
- 擔保品（collateral）
  - □對借款人能否提供擔保品，以及擔保品風險程度高低的評價。
- 營業情況（condition of business）
  - □對借款人未來事業發展遠景的評價。

▍其他合法的資金周轉管道

▶保單質借（保單借款）

- 保險費付足一年以上者，要保人得以保險契約為質，向保險人借款（保險法§120 I）。保險人於接到要保人之借款通知後，得於一個月以內之期間，貸給可得質借之金額（保險法§120 II）。以保險契約為質之借款，保險人應於借款本息超過保單價值準備金之日之三十日前，以書面通知要保人返還借款本息，要保人未於該超過之日前返還者，保險契約之效力自借款本息超過保單價值準備金之日停止（保險法§120 III）。
- 保單質借與定存質借的概念相同，不過定存質借的利率，通常是「定存利率加1到2個百分點」；而保單質借的利率，則是「預定利率加0.5到1個百分點」。目前國內壽險公司的保單借款利率，主要介於4%～7%之間。（黃琮淵，低利繳稅術　保單「轉現金」年息殺到4%以下，2009）
- 當保單已經有價值準備金時，就可以申請保單質借。然而，並非所有的保單，都能辦理保單質借，一般意外險、醫療險等，因多以附約方式存在，再加上不具保單價值準備金，所以不能借款。（黃琮淵，低利繳稅術　保單「轉現金」　年息殺到4%以下，2009）
- 不少短期急需資金的民眾，借款後又沒繼續繳納保費，一旦保單可自動墊繳的金額支付殆盡，保險公司在經過催繳寬限期後，保單就會正式停效。因此，在保單貸款撥付後，須隨時留意繳息狀況及保單效力，才可維護自身權益不受損。（陳瑩欣，2009）

▶民間互助會（聯晟法網，2014）

- 互助會法律上的名稱為「合會」，是民間極盛行的籌措資金和儲蓄的方法。
- 民法§709-1 I：「稱合會者，謂由會首邀集二人以上為會員，互約交付會款及標取合會金之契約。其僅由會首與會員約定者，亦成立合會。」因此，需要資金的人（會首），可以依照自己所需資金的數額及未來自己分期償付基本會款的能力，決定找幾個會員跟會、基本會款是多少、會期有多久。

- 首期會款（合會金）不經投標，由會首取得，其餘各期由得標會員取得（民法§709-5）。會首日後只要按標會的會期償付得標會員基本會款即可，毋須提供擔保，也毋須支付利息。另外，擁有多餘資金的人，則可以當會員跟會，既可以幫助會首，又可以強迫自己儲蓄及賺取標會代價。

▶動產質借（當）－當舖、動產質借所（公營當舖）

- 所謂當舖業係指依法申請許可並專以經營質當為業的公司或商號（當舖業法§3）。經營當舖業應檢附申請書，向當地主管機關申請籌設，但不得設立分支機構（當舖業法§4 I）。
- 持當人以動產為擔保，並交付於當舖業，向其借款、支付利息之行為稱為「質當」（當舖業法§3）。
- 當舖業應於營業場所之明顯處揭示：許可證、負責人或營業人員之姓名、以年率為準之利率、利息計算方式，以及營業時間等事項（當舖業法§11 I）；而以年率為準之利率，最高不得超過30%（當舖業法§11 II）。
- 當舖業除計收利息及倉棧費外，不得收取其他費用（當舖業法§20 I）；而倉棧費之最高額，不得超過收當金額的5%（當舖業法§20 II）。

調降借款利率上限可能帶來的反效果

▶銀行授信利率反映資金成本、信用風險，與人事費用等。人為抑制價格只會導致實際交易量減少，並且產生更高的黑市價格。

▶勉強銀行調降雙卡利率，將導致部分銀行因無利可圖而退出雙卡業務市場，造成弱勢持卡人反倒借貸無門，甚至在無路可走的情況下，轉向地下錢莊借貸，結果背負更高的利息負擔。

▶相對於優質大客戶，銀行談判力量較小、且競爭者眾，在供給大於需求的情況下，價格（利率水準）便會下降；至於弱勢客戶，則因其風險高，銀行避之唯恐不及，在供給小於需求的情況下，利率自然會上升，甚至「破表」（超過民法利率上限）。均衡利率破表的弱勢民眾，只好向地下錢莊借貸。所以，法定利率上限愈調降，只會使得向銀行求助無門的弱勢民眾愈增加，並因而遭受地下錢莊愈嚴重的剝削。（工商時報，社論－與其修民法不如訂定融資公司法，2013）

- 銀行在借貸契約上可透過收取較高的服務費用（如：簽約金、契約設定費等）來規避借款利率上限的管制，並藉此彌補短收的利息（楊少強，2013）；另外，銀行在雙卡業務的獲利遭到壓縮，亦可能波及信用卡持卡人刷卡消費優惠的回饋，以及優質客戶所享有的循環信用優惠利率方案。（孫中英，調降利率上限　民眾未必有利，2013）
- 利率若貿然調降，社會基層小型企業主恐無法經由銀行無擔保借款管道進行營運周轉，破產潮將湧現；而利率下修導致的信用緊縮，除將造成產業受創外，也將導致企業裁員潮，信評公司預估，上萬名雙卡從業人員約有兩成將因此失業，消費性產業失業潮也會湧現，加速失業率攀升。（薛翔之，三大工商團體疾呼　雙卡降息　大開自由化倒車，2009）
- 國內信用卡每年刷卡消費規模達兆餘元，對GDP貢獻度達10.6%。雙卡利率上限若下修至12.5%，估計消費力將緊縮2,700億元，抵銷三倍消費券效益。最依賴信用卡交易的百貨、量販、旅遊、加油站、3C與餐飲等產業，將受到嚴重傷害。在連鎖效應下，上游製造業也會因消費不振，開始面臨無訂單可接的窘境。信評公司預估，雙卡利率調降將導致國內消費市場嚴重受創，影響GDP達0.6個百分點。（薛翔之，三大工商團體疾呼　雙卡降息　大開自由化倒車，2009）
- 根據日本過去的經驗，當2006年將貸金業者利率上限由75%降至25%，消費性融資利率由29%降至為20%之後，消費性貸款核准率立即由55%降至30%，放款餘額銳減25%，直接衝擊民間消費的成長，同時遭受地下錢莊危害而求助的民眾也創歷史新高，一度造成經濟成長與社會公平雙輸的局面。（中國時報，社論－降卡債族利息負擔　愛之反害之，2013）

資料來源

工商時報（2013年12月12日），社論－與其修民法不如訂定融資公司法，擷取自中時電子報：http://goo.gl/yRjHaJ。

中國時報（2013年12月18日），社論－降卡債族利息負擔 愛之反害之，擷取自中時電子報：http://goo.gl/hzBfqI。

朱漢崙（2013年11月9日），700億→830億 台塑聯貸案 再掀超額認購潮，工商時報，擷取自中時電子報：http://goo.gl/NTwSDJ。

李榮謙（2011），新時代的貨幣銀行學概要，臺北：智勝文化事業有限公司。

沈婉玉（2013年11月15日），台塑聯貸 2陸銀認貸逾百億，中國時報，擷取自中時電子報：http://goo.gl/EWhE5N。

沈婉玉（2013年11月9日），銀行惡性競爭 金管會緊盯，中國時報，擷取自中時電子報：http://goo.gl/q2Rj2O。

洪正吉（2013年12月10日），陸銀寶島債 熱到最高點，中國時報，擷取自中時電子報：http://goo.gl/jGmzYt。

孫中英（2013年11月29日），調降利率上限 民眾未必有利，聯合報，擷取自聯合理財網：http://goo.gl/KiIbgb。

陳慧琳（2013年11月20日），低價搶聯貸 原來是台塑集團聯貸太轟動！金管會接受4大理由，擷取自鉅亨網：http://goo.gl/v6vy9Q。

陳瑩欣（2009年5月3日），保單質借 當心保障變薄，蘋果日報，擷取自蘋果日報全球資訊網：http://goo.gl/bzyC5y。

黃琮淵（2009年4月17日），低利繳稅術 保單「轉現金」 年息殺到4%以下，中國時報，擷取自中時電子報（中時理財）：http://goo.gl/gbMfof。

黃琮淵（2013年12月10日），人民幣匯價 昨天再創新高，中國時報，擷取自中時電子報：http://goo.gl/0ZlMwr。

楊少強（2013年12月4日），調降利率上限反害到窮人，商業周刊（1360）。

楊毅、洪正吉、黃琮淵（2013年12月10日），臺銀兆豐惡搶寶島債 金管會怒，中國時報，擷取自中時電子報：http://goo.gl/B4K8Ok。

霍德明、莊希豐（2006），貨幣銀行學理論與實務，新北：指南書局有限公司。

聯晟法網（2014年1月21日），生活法律－互助會，擷取自聯晟法網法律知識庫：http://goo.gl/7sLXqg。

薛翔之（2009年5月27日），三大工商團體疾呼 雙卡降息 大開自由化倒車，工商時報。

案例35

銀行的整併與轉型

中華開發金控與萬泰銀行於2014年2月10日同步召開臨時董事會，通過開發金以每股現金13.4元搭配0.2股增資新股，股權轉換收購萬泰銀100%股權；以開發金2013年第四季平均收盤價8.69元為基準，合併對價為每股15.14元，總金額約為230.94億元，隱含的股價淨值比為1.26倍。這是臺灣金融市場自2008年以來首宗具控制性股權的金融整併案。開發金控以直接投資、企業金融及證券為主體，萬泰銀行則是以消費金融見長，兩者之間具高度互補性。

初步規畫，兩家公司將同步於2014年4月8日召開股東臨時會，通過併購案，並向金管會提出申請；預計萬泰銀在2014年7月納為開發金子公司，萬泰銀擔任存續銀行，兩年內開發工銀將會把企業金融及金融交易業務及相關資產負債採營業讓與方式轉至萬泰銀，工銀旗下租賃、資產管理子公司及金融相關投資會轉至萬泰銀，工銀將改制為創投公司，工銀執照將繳回給金管會。隨著開發金控併購萬泰銀行並將開發工銀轉型為商業銀行之後，金融市場僅剩的最後一家工業銀行－臺灣工銀，未來也以轉型成商業銀行為目標。

【摘錄：夏淑賢（2014年2月11日），開發金231億併萬泰銀，經濟日報；孫中英（2014年2月11日），存款少限制多 工銀轉型重生，聯合報；彭禎伶，魏喬怡、黃惠聆（2014年2月11日），開發金230億 併萬泰銀，工商時報；葉憶如（2014年2月11日），開發金併萬泰銀 外資按讚，聯合晚報；薛翔之（2014年2月11日），6年來國內首宗 開發金230億併萬泰銀，聯合報。】

問題研討

- 開發金以股價淨值比（Price-Book Ratio; P/B、PBR）1.26倍併萬泰銀，請問此股價淨值比如何求算？而此併購價淨值比是高或低於過去金融機構併購行情？
- 何謂工業銀行？為何工業銀行會希望轉型成商業銀行？開發金併萬泰銀之後，預期可產生之效益為何？
- 簡述臺灣銀行產業的發展現況與面臨的經營困境。

✧案例35參考答案：

併購價淨值比之計算

- 此合併案之換股比例預定以萬泰銀1股普通股換發開發金控新發行普通股0.2股及現金新臺幣13.4元。若以開發金2013年第四季平均收盤價8.69元為基準，相當於開發金以每股15.14元價金併購萬泰銀。
- 根據金管會銀行局資料，萬泰銀2013年底淨值規模為183.19億元（請參見表35-1），以股本152.56億元（亦即15.256億股）計算每股淨值達12.01元，換算併購價淨值比為1.26倍（$15.14/$12.01）。（郭貴玲，2014）
- 開發金併萬泰銀隱含的股價淨值比除了低於2012年合併凱基證券的1.4倍，以及更早與元大金搶親寶來證出價的1.7倍水準之外，更低於近年來中小型銀行併購之行情（請參見表35-2）。

表35-1　本國銀行資產品質評估分析統計表（節錄）（2013年12月）

金額單位：新臺幣百萬元

銀行別	存款	稅前盈餘（累計）	放款總額	逾期放款總額	貼現及放款提列之備抵呆帳	淨值	逾放比率（%）	備抵呆帳/逾期放款（%）
臺灣銀行	3,410,861	8,774	2,260,469	10,007	19,816	244,518	0.44	198.02
合作金庫商業銀行	2,361,745	9,373	1,920,442	12,415	20,552	139,630	0.65	165.55

銀行別	存款	稅前盈餘（累計）	放款總額	逾期放款總額	貼現及放款提列之備抵呆帳	淨值	逾放比率（%）	備抵呆帳/逾期放款（%）
國泰世華商業銀行	1,614,619	16,351	1,027,127	3,013	14,386	127,850	0.29	477.53
兆豐國際商業銀行	1,920,463	21,936	1,658,875	2,695	21,410	200,528	0.16	794.40
中華開發工業銀行	131,760	6,145	108,764	190	1,780	114,553	0.17	938.13
花旗（臺灣）商業銀行	537,363	11,343	240,188	773	2,973	96,683	0.32	384.82
萬泰商業銀行	141,533	3,945	100,125	523	1,356	18,319	0.52	259.45
中國信託商業銀行	1,668,211	21,492	1,217,733	4,229	15,494	146,851	0.35	366.41
總計	30,678,772	257,648	23,663,353	89,879	286,876	2,606,772	0.38	319.18

資料來源：金融監督管理委員會銀行局，2014。

表35-2　近年中小型銀行併購行情

標的	萬泰銀	大衆銀	安泰銀
買方	開發金	凱雷	隆力
公布日期	2014/2/10	2007/7/11	2007/6/15
交易價值（百萬）	23,094	21,500	23,830
計畫併購股權比例	100%	38%	53%
併購價／淨值比	1.26x	2.01x	2.08x

資料來源：蕭燕翔（2014）。

銀行的分類與性質

- 銀行可以分為商業銀行、專業銀行與信託投資公司三種。【銀行法§20 I】
- 商業銀行以收受支票存款、活期存款、定期存款，供給短期、中期信用為主要任務之銀行。【銀行法§70】
- 專業銀行之設立主要係在便利專業信用之供給。【銀行法§87】
- 專業信用可分為：工業信用、農業信用、輸出入信用、中小企業信用、不動產信用及地方性信用等六類。【銀行法§88】

工業銀行的性質

▶供給工業信用之專業銀行為工業銀行。【銀行法§91 I】

▶工業銀行以供給工、礦、交通及其他公用事業所需中、長期信用為主要業務。【銀行法§91 II】

▶工業銀行得投資生產事業；生產事業之範圍，由主管機關定之。【銀行法§91 III】

▶工業銀行收受存款，應以其投資、授信之公司組織客戶、依法設立之保險業與財團法人及政府機關為限。【銀行法§91 IV】

▶工業銀行之設立標準、辦理授信、投資有價證券、投資企業、收受存款、發行金融債券之範圍、限制及其管理辦法，由主管機關定之。【銀行法§91 V】

為何工業銀行希望轉型成商業銀行

▶資金來源限往來客戶、不夠多元（孫中英，存款少限制多　工銀轉型重生，2014）

- 工業銀行過去依法「不能吸收存款」，後來雖開放可吸收存款，但仍限與工銀往來的授信戶和投資戶，不能向一般大眾吸收存款及同業轉存款。

▶資金成本高造成資金運用效益降低（夏淑賢、邱金蘭，開發工銀轉型想併萬泰銀，2012）

- 工銀擴增存款的成本比商銀高，「工銀1塊錢資本只能做5塊錢的生意，商銀1塊錢卻可以做12塊錢的生意」，造成資本運用效益遜於商銀。

▶資金出路限制重重（孫中英，存款少限制多　工銀轉型重生，2014）

- 工業銀行的直接投資類似創投或私募股權投資，但轉投資有上限，不能投資關係企業，且資金必須投入生產事業。
- 近年來，好的生產事業投資機會已不多，投資報酬率也不佳。

▸生產事業籌資管道建全，工銀的角色創投就可以做，少了工業銀行，產業籌資仍不是問題。（仝澤蓉，2014）

開發金併萬泰銀的預期效益（開發金，2014）

▸強化穩定性獲利來源

▸增強跨業經營效益

▸發揮金控範疇經濟（economies of scope）之營運綜效（synergies）

▸提升資本運用效益

▸提供金控集團證券零售客戶完善之金融服務

▸提升整體股東權益報酬率

臺灣的銀行產業的發展現況與經營困境（工商時報，社論－國內銀行業整併應儘快啓動，2014）

▸臺灣銀行業普遍規模不大，業務重心偏於國內，整體產業競爭力不足，也限縮了銀行向外發展的可能。

▸國內資產最高的臺灣銀行，世界排名僅為163名，而前三大銀行市占率只有25.2%，不僅低於新加坡的94.25%、香港的60%，甚至比美國的42.38%還低。除此之外，更有14家銀行市占率不到1%。彼此搶食有限商機，銀行間過度競爭的態勢極為明顯。

▸近年來隨著大環境的改變，本國銀行獲利已有改善，股東權益報酬率（ROE）已由2011年的8%上升至2013年的10%。不過相對亞洲前100大銀行14%的水準，仍有段差距。主要係因業務同質性高，價格競爭淪為主要經營模式，造成銀行機構利差縮小，加上手續費折讓，在在侵蝕正常獲利。

▸利潤目標無法達成，也間接弱化了財務結構。本國銀行第一級資本適足率近年來維持在9%的水準，不只低於歐美銀行業的13%，也不如亞洲主要銀行的11%。無論從市場結構或獲利狀況來看，皆顯示銀行業已面臨困境。若只冀望藉著銀行本身創造盈餘進行調整，速度慢、效果差，唯有結合外部力量整合併購，才能有效改善，突破困境。

資料來源

工商時報（2014年2月23日），社論－國內銀行業整併應儘快啟動。

金融監督管理委員會銀行局（2014年3月5日），本國銀行資產品質評估分析統計表，擷取自金融監督管理委員會全球資訊網/銀行局/金融資訊/銀行業務資訊揭露/本國銀行逾放等財務資料揭露：http://goo.gl/7gLymv。

法務部（2014年2月21日），全國法規資料庫（http://law.moj.gov.tw）。

夏淑賢（2014年2月11日），開發金231億併萬泰銀，經濟日報。

夏淑賢、邱金蘭（2012年8月20日），開發工銀轉型 想併萬泰銀，經濟日報。

孫中英（2014年2月11日），存款少限制多 工銀轉型重生，聯合報。

郭貴玲（2014年2月11日），個股：盧正昕主導萬泰銀嫁入開發金任務達陣，每股價金15.14元、淨值比1.26倍，財訊快報，擷取自MONEY LINK富聯網：http://goo.gl/zSeOR1。

彭禎伶、魏喬怡、黃惠聆（2014年2月11日），開發金230億 併萬泰銀，工商時報。

開發金（2014年2月10日），重大訊息－公告本公司董事會決議擬於股東會通過及向主管機關申請核准後，與萬泰商業銀行股份有限公司進行股份轉換，擷取自公開資訊觀測站：http://mops.twse.com.tw/mops/web/t51sb10_q1。

葉憶如（2014年2月11日），開發金併萬泰銀 外資按讚，聯合晚報。

蕭燕翔（2014年2月10日），開發金、萬泰銀敲定合併，併購總額逾230億元，精實新聞，擷取自聚財網：http://news.wearn.com/detail.asp?id=173960。

薛翔之（2014年2月11日），6年來國內首宗 開發金230億併萬泰銀，聯合報。

案例36

經常帳餘額的變動與影響

2005年3月17日《今日美國》（USA Today）的一則報導指出，美國2004年第四季經常帳出現1,879億美元的赤字，2004年全年的經常帳赤字高達6,659億，相較2003年5,307億的赤字還高出25.5%。2004年美國經常帳赤字已占美國總GDP的5.7%，創歷史新高。美國過度仰賴外國投資來融通其國內經濟，固然貿易赤字反映出美國經濟成長會比其他國家快，但部分經濟學家與企業主卻擔心一旦外資突然大舉撤出，則以美元計價的金融資產、美元匯率及美國股市恐將崩盤，屆時將引發利率及通貨膨脹飆漲。投資大師巴菲特（Warren Buffett）甚至提出警告，如果美國持續將資產移轉給外國人，則美國可能會成為一個「佃農社會」（「sharecropper's society」）。

問題研討

- 何謂經常帳（current account）？請蒐集並說明美國2001～2010年經常帳餘額的變化。
- 為何當一個國家過度仰賴外國投資來融通其國內經濟時，一旦外資突然大舉撤出，可能會導致金融資產、外匯及股票市場的崩跌，並引發利率及通貨膨脹飆漲？請嘗試找出曾經發生過上述現象的實際案例。

▶中國大陸在「十一五」時期的貿易收支表現如何？此表現可能會對未來中國對外經貿開展上造成何種不利的影響？

✧案例36參考答案：

▍國際收支的概念

▶何謂國際收支（balance of payments, BOP）

- 國際收支係某一特定期間（一季、半年或一年），一經濟體居民與非居民間一切經濟交易的有系統紀錄。
- 這種紀錄通常以複式記帳作借貸等額記載，故稱之為平衡表。
- 國際收支平衡表由經常帳、資本帳、金融帳及誤差與遺漏項加總而成，餘額反映在央行「準備資產」的變動。

▶名詞與觀念釐清

- 居民
  - □ 在一個國家經濟領土內居住達一年（含）以上，並從事經濟活動或交易的經濟單位元（包括：個人、政府機構、企業與非營利機構）。
  - □ 例如：
    - ➢移民→移入所在國的居民
    - ➢跨國企業國外子公司→所在國的居民（母公司所在國的非居民）
    - ➢外交使節、駐外人員→派駐所在國的非居民（派出國的居民）
    - ➢國際性機構（如UN、IMF）→任何國家的非居民
- 國際收支 vs. 國際借貸
  - □ 國際借貸：到某時點為止，一國對外債權債務關係經濟交易的彙總（存量概念）。
  - □ 國際收支：一國在一段期間內對外所有經濟交易的彙總（流量概念）。
  - □ 例如：國際捐贈、僑民匯款、戰爭賠償【均屬無償交易】→並非國際借貸、但包含在國際收支中。

國際收支帳的構成（參見圖36-1）

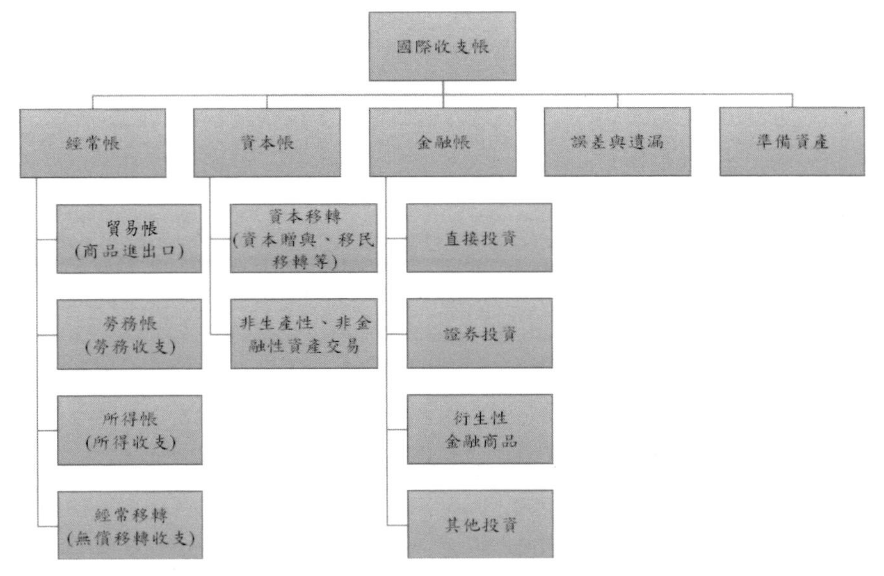

圖36-1　國際收支帳的構成

▶經常帳（current account）

- 記載一經濟體居民與非居民間之商品進出口，服務、薪資與投資收益的收支，以及經常性（無償）移轉收支等各項交易。
  - □ TB＝X－M＝GDP－（C＋I＋G）
  - □ 根據IMF的規定，商品進出口統計一律以海關統計為準，商品一律按離岸價格（FOB）計算貿易額。然而，實際上有許多國家對出口商品係按FOB計算，但對進口商品則是以包括成本、保險費和運費在內的到岸價格（CIF）來計算。
  - □ 服務項目包括：運輸、通訊、旅遊、銀行、保險、專利（特許）權使用等。
  - □ 投資收益（investment income）指的是直接投資、證券投資與其他投資的收入或支出，包括：股利、利潤和利息等。至於投資金額與交易所引起的資本損益（已實現的資本利得或損失）則應記載於金融帳中。

□ 經常性移轉（current transfers）亦稱作無償移轉（unrequited transfers）或單方面移轉（unilateral transfers），包含所有非資本移轉項目的移轉，如：國際援助捐款、戰爭賠款、僑民匯款、繼承、退休金等。

▶資本帳（capital account）

• 記載一經濟體居民與非居民間之政府與民間的資本移轉（如：資本財贈與、債務免除、移民移轉等），以及非生產性與非金融性資產（如專利權、商譽等無形資產）的取得與處分交易。

▶金融帳（financial account）

• 記載一經濟體對外的金融資產與負債的交易，根據投資的功能或種類分為直接投資、證券投資、衍生性金融商品與其他投資。各類投資均區分為資產（居民對非居民之債權）及負債（居民對非居民之債務）。

□ 凡不屬於直接投資、證券投資及衍生性金融商品的金融交易均歸類在其他投資。其他投資包括：貿易信用、貸（借）款、現金與存款及其他應收應付款項。各項交易再分為長期與短期，長期係指契約期限超過一年或未載明到期日者，短期則指契約期限在一年及一年以下者。

▶誤差與遺漏項

• 確保國際收支帳平衡之調整項。

▶準備資產的變動

• 準備資產係指貨幣當局所控管隨時可動用的國外資產，包括：貨幣性黃金、外匯存底（含外幣現金、存款及有價證券）與其他債權。

• 將經常帳餘額、資本帳餘額、金融帳餘額，以及誤差與遺漏項加總之後即可得知準備資產變動的金額與一國的國際收支狀況。

□ $$\underbrace{C}_{\text{經常帳餘額}} + \underbrace{K}_{\text{資本帳餘額}} + \underbrace{F}_{\text{金融帳餘額}} + \underbrace{E}_{\text{誤差與遺漏項淨額}} + \underbrace{R}_{\text{準備資產變動}} = 0$$

美國經常帳收支與聯邦政府財政收支概況

▶參見表36-1與圖36-2

表36-1　美國經常帳收支餘額與聯邦政府財政收支餘額

年度	當期GDP（十億美元）	經常帳收支餘額		聯邦政府財政收支餘額	
		金額（十億美元）	占GDP比例（%）	金額（十億美元）	占GDP比例（%）
2001	10,286.2	-396.603	-3.86	34.2	0.33
2002	10,642.3	-457.248	-4.30	-278.0	-2.61
2003	11,142.2	-519.089	-4.66	-422.2	-3.79
2004	11,853.3	-628.519	-5.30	-426.8	-3.60
2005	12,623.0	-745.774	-5.91	-352.4	-2.79
2006	13,377.2	-800.621	-5.98	-247.2	-1.85
2007	14,028.7	-710.303	-5.06	-315.0	-2.25
2008	14,291.5	-677.135	-4.74	-756.2	-5.29
2009	13,939.0	-376.551	-2.70	-1,446.3	-10.38
2010	14,526.5	-470.898	-3.24	-1,462.3	-10.07
2011	15,094.0	-473.440	-3.14	-1,356.9	-8.99

資料來源：Federal Reserve Bank of St. Louis; US Bureau of Economic Analysis。

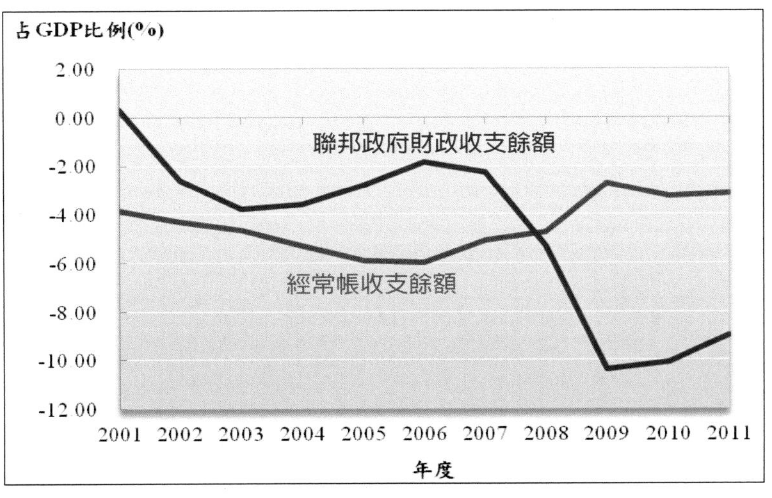

圖36-2　美國經常帳收支餘額與聯邦政府財政收支餘額占GDP比例

美國經常帳餘額占GDP比重（參見圖36-3）

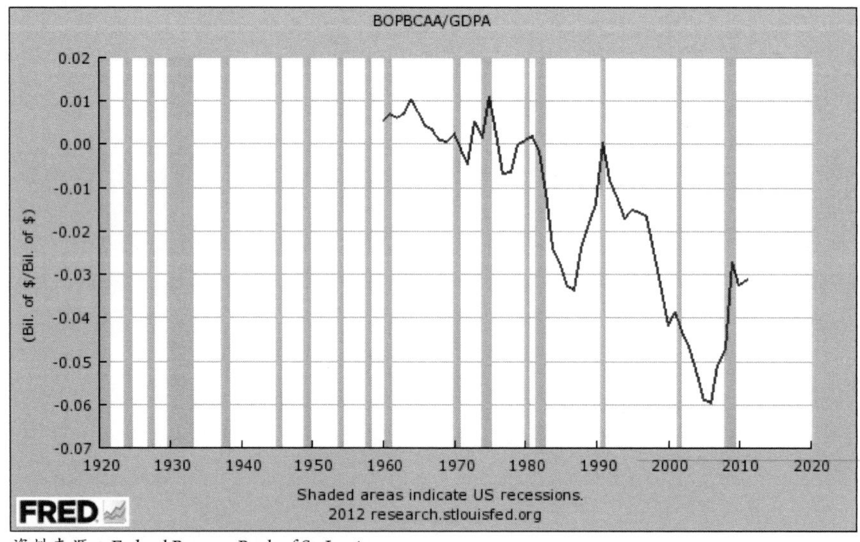

資料來源：Federal Reserve Bank of St. Louis。

圖36-3　美國經常帳餘額占GDP比重

國際間商品與資本流動之間的關係

▶開放經濟體系

$$Y=C+I+G+NX$$

$$\Rightarrow Y-C-G=I+NX$$

$$\Rightarrow S=I+NX$$

$$\Rightarrow \underbrace{S-I}_{NCO}=\underbrace{NX}_{CA}$$

- 當一個國家出現經常帳盈餘時（CA＞0），意味著該國的淨對外投資【淨資本流出（NCO）】為正。
- 當一個國家出現經常帳赤字時（CA＜0），意味著該國的淨對外投資【淨資本流出（NCO）】為負。

東南亞金融危機案例：泰國

▶經常帳惡化

⇨市場預期泰銖將貶值

⇨市場產生外匯（美元）超額需求

⇨央行拋匯干預匯價

⇨貨幣供給↓、利率↑、外匯準備↓

⇨對未來泰銖貶值的恐慌造成資本外逃

⇨房地產與股票市場崩跌、外匯準備大幅流失

⇨遭受投機客攻擊

⇨央行外匯準備耗盡

⇨央行棄守固定匯率制度（泰銖狂貶）

⇨通膨飆漲

中國大陸十一五時期貿易收支概況

▶參見表36-2與圖36-4

表36-2　中國大陸十一五時期貿易收支

年度	貨物出口總額		貨物進口總額		貨物進出口差額（出口總額－進口總額）	
	金額（億元人民幣）	年增率（%）	金額（億元人民幣）	年增率（%）	金額（億元人民幣）	年增率（%）
2005	62,648.1	---	54,273.7	---	8,374.4	---
2006	77,597.2	23.86	63,376.9	16.77	14,220.3	69.81
2007	93,563.6	20.58	73,300.1	15.66	20,263.5	42.50
2008	100,394.9	7.30	79,526.5	8.49	20,868.4	2.99
2009	82,029.7	-18.29	68,618.4	-13.72	13,411.3	-35.73
2010	107,022.8	30.47	94,699.3	38.01	12,323.5	-8.11

資料來源：中華人民共和國國家統計局，2011中國統計年鑑。

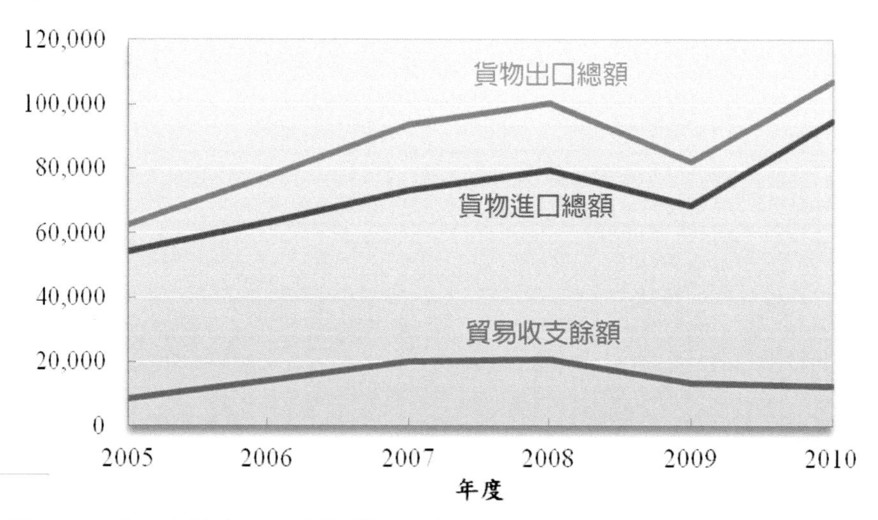

圖36-4　中國大陸十一五時期貿易收支

中國大陸經常帳餘額（參見圖36-5）

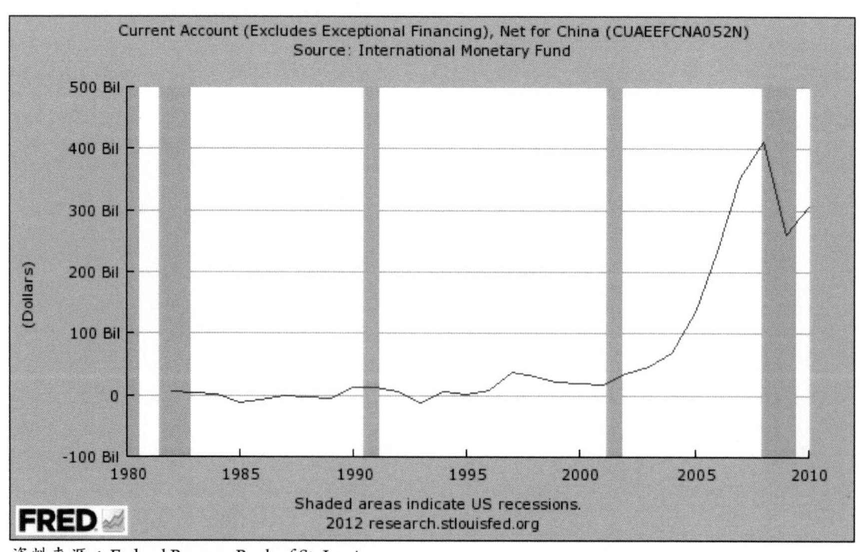

資料來源：Federal Reserve Bank of St. Louis。

圖36-5　中國大陸經常帳餘額

中國大陸面臨貿易摩擦的相關報導

▶新聞報導（節錄）：大陸連17年成全球貿易摩擦之冠（韓化宇，2012）

- 大陸商務部副部長鐘山出席「2012中國外貿形勢報告會」時表示，大陸十二五時期外貿發展的環境複雜，針對大陸的貿易保護主義愈演愈烈。
- 大陸已連續17年成為遭遇貿易摩擦最多的國家，且貿易摩擦形式不斷翻新，涉及產業不斷擴大，發起的國別也不斷增加。
- 根據全球貿易預警組織（Global Trade Alert）統計，大陸在近12個月裡，出口產品遭遇100項貿易保護措施，而自2008年以來累計高達600項。

資料來源

中華人民共和國國家統計局（2011），2011中國統計年鑒。
韓化宇（2012年3月25日），陸連17年成全球貿易摩擦之冠，中國時報。

案例37

臺灣高速鐵路BOT興辦模式

隨著1993年7月立法院通過「刪除興建高速鐵路1994、1995年度特別預算944億元，改由民間興建」的議案之後，臺灣高速鐵路的規畫便由政府投資興建，轉變為由民間主導的「BOT模式」。為了角逐總投資額高達5,000億元，當時全世界最大的BOT案，代表大陸工程的殷琪與富邦、東元電機、太電、長榮等五大原始股東聯手合組的臺灣高速鐵路企業聯盟，開出政府不但零出資，還可享受1,057億元「回饋」的條件，力退當時國民黨大掌櫃劉泰英率領的中華高鐵聯盟，取得高鐵營運合約。

但任誰也沒想到，這竟會是噩夢的開始，政府不但沒有享受零出資，恐怕還要落入全民埋單的泥淖。臺灣高鐵的問題，早在得標後兩個月就浮現，隨著興建工程進行，更一度傳出財務困難。甚至2002年臺灣高速鐵路股份有限公司（以下簡稱臺灣高鐵公司）進行第二階段增資時，開發基金、國營事業等政府資金被迫挹助重金，政府從零出資變成這樁BOT案的最大股東。（賴昭穎，2009）臺灣高鐵公司吃緊的財務狀況，也波及到通車時程，經過數次延宕，原依約應於2003年中通車的高鐵，遲至2007年春才通車；而且因為當初簽約時

未能預估到這項變數，政府短收估計達百億元的回饋金，只能白白損失。（聯合報，2009）

高速鐵路正式商轉之後，大幅縮短了臺灣南北交通運輸時間，拉近城鄉差距，「一日生活圈」的生活型態逐漸成形。然而，因其運量僅為原先預估之半，導致臺灣高鐵公司財務狀況逐年惡化，政府不得已只好以重組融資銀行團的方式，由政府出面協調高達3,900億的「融資重組計畫」，讓聯貸銀行團降低利息、延長還款年限，澈底減輕臺灣高鐵公司沉重財務負擔，協助其度過財務困窘，但條件是由政府收回高鐵的經營主導權。（陳俍任、李明賢，2009）[1]然而此舉卻引發輿論猛烈抨擊，質疑當初以BOT模式推動高速鐵路建設的適當性，並譴責五大原始股東設下騙局，在搶得承包巨額工程機會、吃飽賺足之後撒手不管，留下一個幾近4,000億的爛攤子要全民承接。（經濟日報，社論－BOT罪該萬死？，2009）監察院甚至還組成專案小組進行調查，並在經過10個月調查研究之後，於2009年12月9日提出一份長達13萬餘字的「臺灣高鐵BOT策略與執行成效」調查研究報告，報告中指出臺灣高鐵建設計畫的BOT運作模式，嚴重悖離BOT應有的精神，係臺灣自創的、奇特的、山寨版的BOT案例。（崔伯義，2010）

問題研討

- 簡述民間參與公共建設的意義與方式。
- 試從運量及財務結構等層面探討臺灣高鐵公司所面臨的經營困境。
- 試歸納出臺灣高速鐵路BOT模式失敗的原因，並探討政府後續可能可以採取的因應作為。

---

[1] 政府要求民股董事長殷琪主動請辭，並指定原臺灣高鐵公司執行長歐晉德代表公股出任董事長。

✧案例37參考答案：

民間參與公共建設的意義（財政部推動促參司，2014）

▶近年來，藉由民間投資興建公共建設，引進企業經營理念，以改善公共服務品質，已成為國際趨勢；而國內為減輕政府財政負擔，擴大公共建設投資以提振景氣，行政院將民間參與公共建設列為重要施政方向，新興公共建設計畫皆應先行評估民間參與可行性，凡具民間參與空間者，政府即不再編列預算，優先以民間參與方式辦理。

▶為健全國內民間參與公共建設環境，「促進民間參與公共建設法」（簡稱「促參法」）於2000年2月9日經總統公布施行，擴大民間參與公共建設範圍包括：以公益性為主之交通運輸、文教、社會勞工福利設施，及商業性強之重大觀光遊憩、工商設施等13項20類公共建設，放寬土地、籌資等法令限制，提供融資優惠、租稅減免等諸多誘因，並合理規範政府與民間機構間投資契約之權利義務，明定主辦機關甄審與監督程序。促參法的立法與推動，充分展現政府再造的創新精神，摒除傳統政府興辦公共建設可能遭致「與民爭利」的質疑，從「為民興利」的角度，開放民間共同參與開發國家資源。

民間參與公共建設的方式（促進民間參與公共建設法§8 I）

▶由民間機構投資興建並為營運；營運期間屆滿後，移轉該建設之所有權予政府。【Build（興建）－Operate（營運）－Transfer（移轉）；BOT】

▶由民間機構投資新建完成後，政府無償取得所有權，並委託該民間機構營運；營運期間屆滿後，營運權歸還政府。【Build-Transfer-Operate；無償BTO】

▶由民間機構投資新建完成後，政府一次或分期給付建設經費以取得所有權，並委託該民間機構營運；營運期間屆滿後，營運權歸還政府。

【Build-Transfer-Operate；有償BTO】

▶由政府委託民間機構，或由民間機構向政府租賃現有設施，予以擴建、整建後並為營運；營運期間屆滿後，營運權歸還政府。【Rehabilitate（擴、整建）－Operate（營運）－Transfer（移轉）；ROT】

▶由政府投資新建完成後，委託民間機構營運；營運期間屆滿後，營運權歸還政府。【Operate-Transfer；OT】

▶為配合國家政策，由民間機構投資新建，擁有所有權，並自為營運或委託第三人營運。【Build（興建）－Own（擁有）－Operate（營運）；BOO】

臺灣高鐵公司營運統計

表37-1　臺灣高鐵公司營運統計

項目	2008年	2009年	2010年	2011年	2012年
發車班次（班）	45,900	45,286	46,960	48,553	48,682
旅客人數（萬人次）	3,058	3,234	3,694	4,163	4,453
全年平均每日旅次（萬人次）	8.38（9.6/6.3）*	8.86（9.6/8.1）*	10.1（10.9/9.3）*	11.4（12.3/10.2）*	12.2（12.98/11.73）*
座位公里（百萬座位公里）	15,089	14,821	15,296	15,781	15,829
延人公里（百萬延人公里）	6,566	6,863	7,491	8,148	8,642
準點率（誤點<5 Mins）	99.19%	99.25%	99.22%	99.86%	99.40%
平均乘載率（總延人公里／總座位公里）	43.51%	46.31%	48.97%	51.63%	54.59%

註：*括弧內兩個數字分別代表單月的最高及最低平均每日旅次；總延人公里=Σ（每班列車旅客人數×每一旅客之運程）；總座位公里=Σ（每班列車之座位數×該班次列車行駛里程。

資料來源：臺灣高鐵公司2008～2012年年報。

▶根據臺灣高鐵公司營運統計資料（表37-1）顯示，除了2009年因受全球經濟衰退及國內景氣低迷影響而在發車班次上略減外，整體運量以及承載率皆呈現穩定成長的趨勢，而全年平均準點率（誤點時間少於5分鐘）也都維持在99%以上。總計臺灣高鐵自2007年初通車至2012年底為止，旅運人次已突破2億，準點率達99.36%，平均延遲時間為0.24分鐘，並保持「零營運責任事故數」的成績。（臺灣高鐵公司，臺灣高鐵企業社會責任白皮書2012，2013）

- 儘管高鐵營運六年來，全年平均每日旅次已提高到12萬人次，不過與當初高鐵局請法國高鐵預估每日運量的18萬人次，以及臺灣高鐵公司自行預估的24萬人次，仍存在極大的落差。（彭禎伶，毛治國：台灣BOT　都是半吊子，2013）事實上，運量需求未達預期是造成臺灣高鐵公司財務狀況持續惡化的主要關鍵。

臺灣高鐵公司財務分析

- 在營運四年多之後，臺灣高鐵公司終於在2011年上半年開始轉虧為盈。根據財報資料顯示，2011年上半年獲利19.83億元，每股稅後純益0.16元。（楊文琪，上半年EPS 0.16元　臺灣高鐵終於賺錢了，2011）
- 臺灣高鐵公司自從2010年透過政府進行債務重組之後，利息負擔得以大幅減輕；而折舊方式也經金管會核准自2009年度起將主要固定資產折舊方法由直線法改為運量百分比法，使得折舊攤提更為合理化；再加上高鐵在2009～2012年間運量維持穩定的成長，這些都是臺灣高鐵公司得以轉虧為盈且持續提高獲利的關鍵。
- 根據臺灣高鐵公司最近五年簡明損益表資料（表37-2）可知，臺灣高鐵公司2012年度的營業收入為339.8億元，較2011年度322.4億元增加17.4億元，成長5.40%；2012年度稅前淨利為39.6億元，較2011年度稅前淨利31.9億元增加7.7億元。另外，2012年度稅前息前折舊攤銷前營業利益（Earnings before Interest, Tax, Depreciation and Amortization，簡稱EBITDA）達233.2億元，較前一年227.3億元成長2.60%；即使納入利息後之稅前折舊攤銷前營業利益（Earnings before Tax, Depreciation and

Amortization，簡稱EBTDA）亦達148.3億元，與2011年度EBTDA 140.2億元相較，成長5.78%。（臺灣高鐵公司，2012年年報，2013）

▶即使獲利狀況逐漸好轉，臺灣高鐵公司截至2012年底為止，累計虧損金額仍高達642億元，占資本額1,053億元的六成，其中折舊計算方式是影響高鐵獲利的主要原因。雖然折舊方法已由直線法調整為運量百分比法，但折舊年限仍為BOT合約的35年營運特許期。然而，高鐵的土建、機電系統設計與使用年限實際上遠超過35年，只以35年來攤提折舊，似乎並不合理。因此，唯有向政府爭取延長特許期，才能創造高鐵永續發展的條件，並達到實質獲利的目標。

表37-2　臺灣高鐵公司最近五年簡明損益表

單位：新臺幣千元

項目	2008	2009	2010	2011	2012
營業收入	23,047,583	23,323,712	27,635,351	32,236,505	33,984,137
營業毛利（損）	（4,770,428）	6,545,967	9,961,105	12,980,829	13,022,485
營業損益	（6,238,553）	5,564,846	9,071,545	12,058,405	12,095,229
營業外收入及利益	644,500	639,869	230,348	248,318	633,040
營業外費用及損失	19,415,644	10,995,840	10,512,782	9,120,890	8,771,441
繼續營業部門稅前損益	（25,009,697）	（4,791,125）	（1,210,889）	3,185,833	3,956,828
繼續營業部門損益	（25,009,697）	（4,789,455）	（1,210,041）	5,783,747	3,576,836
本期損益	（25,009,697）	（4,789,455）	（1,210,041）	5,783,747	3,576,836
基本每股盈餘（元）	（4.58）	（1.03）	（0.48）	0.59	0.25

註：2012年度稅前利益雖較2011年度增加，但2011年度因首次獲利評估以前年度虧損扣抵相關之遞延所得稅資產備抵評價減少而產生所得稅利益，2012年度則因獲利而有所得稅費用，致2012年度稅後淨利較2011年度減少。

資料來源：臺灣高鐵公司2012年年報。

臺灣高速鐵路BOT興辦模式失敗的原因

▸運量評估失當導致財務規畫失準

- 1990年交通部完成高鐵建設可行性評估並經行政院核定後，即積極推動高鐵建設。根據政府在1993年所進行的高鐵運量預測，當時對高鐵的載客率相當樂觀，通車第一年的每日運量即可達20萬人次以上，其後雖然下調至每日17.9萬人次，但仍與高鐵剛開始營運時的實際運量8萬人次有著相當明顯的落差。（陳世圯、涂維穗，2009）由於當初臺灣高鐵公司在投標時所作的融資安排及財務規畫都是以政府委託顧問公司所作的運量預測為基準，因此，在運量不足的情況下，自然造成臺灣高鐵公司的財務狀況持續惡化。這也就是為什麼臺灣高鐵公司前董事長殷琪下台後，在接受媒體訪問時，表示自己「當時太天真，不夠有智慧」，並將矛頭指向政府，認為高鐵失敗是政府當年錯估運量所造成的結果。（謝蕙蓮，2009）
- 交通部對高鐵運量評估的確出現嚴重偏差，然而作為一個數千億交通工程的投資者，豈可不就高鐵的營運進行專業評估，而貿然提出「政府零出資」的條件？公共建設採BOT模式的精神不就是要借用民間機構營運的高效率與高執行力嗎？主事者豈可輕描淡寫地以「當時太天真」來掩飾自身決策的失當！況且，多年來五大原始股東始終無意增資，拒絕面對自己的承諾，明顯地視企業責任如無物。

▸高財務槓桿操作造成財務負擔沉重

- 由於臺灣高鐵公司五大原始股東對於票務收入與站區開發利益有著美好的預期，因此總出資額僅290億元，卻舉債高達3,954億元，槓桿比重接近14倍。然而在景氣不佳與站區位址選擇偏遠等因素下，造成高鐵營收無法大幅提升。舉債過多，營收又未能出現倍數成長，財務負擔自然備感沉重。（彭思遠，「高鐵財務危機」的解決之道，2009；葉銀華，2009）

▸「三方契約備忘錄」的簽訂以及「強制收買」規定造成一定程度的道

德風險

- 臺灣高鐵公司經過甄審獲評為最優申請人，但於籌備階段卻遲遲未能取得銀行融資，政府非但沒有即時沒收履約保證金，還同意簽訂「三方契約備忘錄」，由政府作融資保證，使政府整體財務風險倍增，成為國際BOT罕例，為何當初要簽訂「三方契約備忘錄」呢？另外，臺灣高鐵BOT案的興建營運合約中，明定特許公司違約時，政府應照價買回，形同極為優渥、國際罕見的主動收拾善後條約，使得執行風險均落在政府頭上而由全民埋單，為何當初會訂定此項似乎不合理、不平等的合約條款呢？
- 其實，這兩個問題的答案均是為確保高鐵建設能順利進行，若民間機構無法履約完成興建或營運不善時，政府別無選擇必須接辦，以維護社會大眾之權益。關於簽訂「三方契約備忘錄」以及「強制收買」規定所可達到的效益包括：（崔伯義，2010）
  - □ 提供融資機構債權的確保與信心
    - ➢由政府提供「強制收買」機制以確保融資機構的債權，在實務運作上有其必要性，且政府事先約定於臺灣高鐵公司經營不善時即行介入並強制收買的承諾，亦可視為對高鐵計畫支持的決心。
  - □ 控制政府「強制收買」價金的風險
    - ➢藉由三方契約備忘錄的簽訂，政府可預先設定「強制收買」時承擔金額的上限（即工程經費報價新臺幣3,259億元加計可資本化財務成本817億元），且此一承擔金額應足以優先償還融資機構的授信餘額，三方（交通部、臺灣高鐵公司及融資機構）並同意藉由適當機制控管承擔金額及授信餘額的風險。
  - □ 解決融資機構資本適足率的問題[2]

---

[2] 由於國際清算銀行（Bank for International Settlement, BIS）規定自1998年起，商業銀行資本適足率（銀行自有資本／風險性資產）必須不低於8%，否則銀行的信用評等恐遭降低等級，且須限制其盈餘分配及罰鍰。故銀行為符合上述標準，勢將透過辦理增資以提高自有資本，或減少風險係數高的貸款。（崔伯義，2010）

➢由於政府承諾於臺灣高鐵公司經營不善時，即行介入強制收買，且同意收買價金優先清償融資機構的授信餘額，使得參貸融資機構的授信風險係數大幅下降，解決資本適足率不足的問題，臺灣高鐵BOT案的融資、籌資問題方得以順利進行。若不採取藉由「強制收買」手段而達到間接確保融資機構債權的目的，則臺灣高速鐵路BOT案必然會因為民間機構無法獲得授信融資而宣告失敗。

- 雖然「三方契約備忘錄」的簽訂以及「強制收買」規定有其實務上的必要性，然而臺灣高鐵公司要求三方融資契約的政府保證、或後續政府為求計畫的持續推動，所挹注民間自有資金缺口的行為，均顯示政府無法確實依約要求原始股東履行相關義務，這將產生所謂道德風險（moral hazard）問題的隱憂。

臺灣高速鐵路BOT興辦模式失敗的檢討與因應

▶合理延長營運特許期以減輕臺灣高鐵公司的財務負擔

- 政府可透過修約合理地延長臺灣高鐵公司特許經營權，來壓低設備折舊攤提的比例，屆時臺灣高鐵公司的帳面赤字將可大幅降低，有助於減輕其財務負擔。

▶提升金融機構專案融資能力

- 所謂專案融資（project financing）是指以專案審查方式評估風險及授信金額，與傳統融資最大的不同在於專案融資是針對客戶的專案需求量身訂作，擔保品不是授信最主要的考量，反而是要評估個案的現金流量、未來收益性，確定未來有還款能力。（彭禎伶，新聞辭典－專案融資，2013）
- 一般而言，大型BOT案應是甲乙丙三方關係，甲是政府、乙是投資人、丙是金融機構，其中金融機構必須擁有最關鍵且核心的專案融資能力，也就是能判斷BOT案未來是否有足夠的現金流量，進而決定是否授信或參與投資。然而國內金融機構普遍缺乏專案融資能力，因而形成所謂半吊子的BOT案，因為中間出現政府保證、強制收買，而不是由銀行、金融機構自己去判斷現金流量。（彭禎伶，毛治國：台灣BOT　都是半吊子，2013）

▶重新省思BOT模式的精神並審慎評估大型公共建設採BOT模式興辦的可行性

- 在高鐵BOT模式的案例中，社會上普遍存在「BOT的精神就是政府不出資」的錯誤觀念，反而忽略了BOT辦理的真正目的。一個「成功」的BOT案，不應該是幫政府賺最大權利金的計畫，而應該是可以透過民間企業的參與使公共建設及早完工、減少預算追加，並提供安全信賴的公共服務。（黃崇哲，2009）
- 政府建設大型公共建設往往以「服務」為首要目的，與民間以「營利」為主的經營目標間存在歧異。因此，在評估是否利用BOT模式推行之際，應該以全民的角度進行成本效益分析，亦即以「編列預算建設」與「民間BOT」兩種方式進行比較，全盤考量。然而政府部門似乎僅著眼於「不用出錢」或「減少政府財政支出」的短視觀點。（彭思遠，健全台灣BOT案之可行方法，2009）
- 利用BOT模式推行大型公共建設應遵循四大原則：（一）該建設必須有急迫性，等不及由政府撥預算興建；（二）民間企業參與，可以帶來比政府更好的興建、營運效率；（三）財務計畫必須可行；（四）最重要的是民間企業必須自己籌措資金。（彭思遠，健全台灣BOT案之可行方法，2009）

資料來源

財政部推動促參司（2014年1月7日），民間參與公共建設資訊，擷取自財政部推動促參司網頁：http://ppp.pcc.gov.tw/PPP.Website/AboutMe/Info1.aspx。

崔伯義（2010年4月），臺灣高鐵BOT計畫甄審暨議約過程的回顧與省思，中華技術（86），26-41。

陳世圯、涂維穗（2009年4月1日），從政府風險管理談「政府應拿出魄力改善高鐵財務結構」，擷取自財團法人國家政策研究基金會－國政研究報告：http://www.npf.org.tw/post/2/5668。

陳俍任、李明賢（2009年9月21日），公股接手 救高鐵窟窿 朱立倫督軍，聯合報。
彭思遠（2009年10月23日），「高鐵財務危機」的解決之道，擷取自財團法人國家政策研究基金會－國政分析：http://www.npf.org.tw/post/3/6602。
彭思遠（2009年10月23日），健全台灣BOT案之可行方法，擷取自財團法人國家政策研究基金會－國政評論：http://www.npf.org.tw/post/1/6603。
彭禎伶（2013年9月25日），毛治國：台灣BOT 都是半吊子，工商時報。
彭禎伶（2013年9月25日），新聞辭典－專案融資。
黃崇哲（2009年9月24日），挑戰與風險 BOT有沒有明天？，聯合報。
楊文琪（2011年9月1日），上半年EPS 0.16元 臺灣高鐵終於賺錢了，經濟日報。
經濟日報（2009年9月25日），社論－BOT罪該萬死？。
葉銀華（2009年9月23日），不能沒有你？，經濟日報。
臺灣高鐵公司（2010年5月26日），2009年年報。
臺灣高鐵公司（2013年5月31日），2012年年報。
臺灣高鐵公司（2013），臺灣高鐵企業社會責任白皮書2012。
賴昭穎（2009年9月21日），政府零出資 劉泰英曾批天方夜譚，聯合報。
聯合報（2009年9月21日），這一天果然來了。
謝蕙蓮（2009年10月13日），民股讓不讓？融資是關鍵，聯合晚報。

案例38

「比特幣」「瘋」潮

繼熱炒黃金之後，「中國大媽」瘋搶比特幣（Bitcoin），使得大陸遙遙領先日本，成為全球最大比特幣交易平台。從線上支付工具變成投資新寵的比特幣，近期價格再度創下新高，已和黃金不相上下。紐約黃金期貨價格2013年12月4日報價為每盎司約1,220美元（約3.6萬新臺幣），而全球知名比特幣交易平台Mt. Gox報價為每比特幣兌1,117美元（約3.3萬新臺幣），直逼金價。根據比特幣統計網站BitcoinCharts的數據顯示，按照2013年11月30天內平台交易量計算，來自大陸的「比特幣中國」平台已達近180萬個比特幣，領先第二位的日本平台近70萬。

比特幣是在2008年由化名中本聰（Satoshi Nakamoto）的一位或一群程式設計師催生。以軟體形式存在，不受任何國家或銀行當局規範的虛擬貨幣比特幣在2013年11月30日飆抵空前的1,124.76美元。當很多人還弄不懂什麼是比特幣時，許多中國大媽就已搶進投資三年身價飆漲25,000倍的比特幣。不過，中國人民銀行（大陸央行）於2013年12月初實施鐵腕監管，強調比特幣不是貨幣，禁止金融機構提供比特幣交易服務，也要求第三支付禁用比特幣，導致比特幣暴跌。

【摘錄：高行（2013年12月5日），大陸瘋搶 成比特幣全球最大戶，旺報；劉淑琴（2013年12月5日），葛老：比特幣無內含價值是泡沫，中央社；中央社（2013年12月28日），炒金與炒比特幣 雙殺中國大媽。】

問題研討

▶關於比特幣的角色、流通與使用，臺灣金融與貨幣當局所抱持的態度與立場為何？

▶請至比特幣統計網站BitcoinCharts蒐集比特幣交易平台Mt. Gox近期比特幣交易行情。

✧案例38參考答案：

央行與金管會呼籲社會大衆注意接受、交易或持有比特幣衍生之相關風險（中央銀行、金融監督管理委員會，2013）

▶比特幣不是貨幣

- 比特幣非為社會大眾普遍接受之交易媒介，且其價值不穩定，難以具有記帳單位及價值儲存之功能，不具真正通貨（real currency）特性。
- 比特幣非由任何國家貨幣當局所發行，不具法償效力，亦無發行準備及兌償保證，持有者須承擔可能無法兌償或流通之風險。
- 依據中央銀行法規定，央行發行之貨幣為國幣，對於國內之一切支付，方具有法償效力。

▶比特幣屬高度投機之數位「虛擬商品」，且缺乏專屬法規之交易保障機制，國人如接受、交易或持有比特幣，務請特別注意下列風險：

- 價格波動大，可能產生投資風險或兌換風險。
- 儲存於電子錢包之比特幣，具有易遭駭客竊取、病毒攻擊而平白消失之風險。
- 往來之交易平台可能遭駭客入侵、惡意倒閉，或因涉及非法交易而遭政府關閉之風險。
- 淪為販毒、洗錢、走私等非法交易工具之風險。
- 欠缺專屬法律保障之風險。

▶央行與金管會將本於中央銀行法（§2、§13）、金管會組織法（§1、§2）之職權，對於金融機構如辦理涉及比特幣之相關業務，於適當時機，依據相關法令，採取必要之措施。

比特幣交易行情

▶Mt. Gox（USD）

Timestamp	Open	High	Low	Close	Volume (BTC)	Volume (Currency)	Weighted Price
2010-07-17	0.04951	0.04951	0.04951	0.04951	20	0.99	0.05
2011-06-02	9.6	10.888	9.5	10.6	41047.27	415112.72	10.11
2013-01-31	19.70001	21.43	19.51123	20.41001	99226.7	2042238.64	20.58
2013-02-22	29.75	31.3	29.67001	30.24539	66951.69	2039411.78	30.46
2013-04-01	93.25	106	92.2361	104	90527.29	9055970	100.04
2013-09-01	141	147.29	141	146.01003	13933.38	2012831.97	144.46
2013-11-17	458.95149	536.777	457	528.31991	26509.66	13242526.69	499.54
2013-11-18	528	788	522	785.50007	71436.42	45079283.98	631.04
2013-11-27	970	1094.794	914.31556	1080	37306.24	37321053.75	1000.4
2013-12-04	1155	1240	1131.72718	1237.955	15885.31	18947255.39	1192.75
2014-02-13	540.03697	549	451.1	451.17	28603.73	14149784.32	494.68
2014-02-14	451.121	499.89	302	427.52	65440.58	24812117.2	379.15
2014-02-15	427.52	447.87999	310	371	50382.78	18126549.12	359.78
2014-02-16	371	540	220.29327	299.72277	86061.35	26181409.74	304.22
2014-02-17	299.72277	411	263.101	272	51184.49	16346874.53	319.37
2014-02-18	280	370	248.14826	293.8	48454.96	13829969.71	285.42
2014-02-19	293.6	308.49	257.10001	261.37833	31104.87	8336909.84	268.03
2014-02-20	264.328	271.43	109	111.697	101724.17	16298837.38	160.23
2014-02-21	111.61995	160	91.5	111.4	82102.93	9798282.7	119.34
2014-02-22	111	290.52557	96.6345	255.53	71861.29	11632970.19	161.88
2014-02-23	260.70495	348.98	220.1	309.99971	38395.1	11051773.35	287.84
2014-02-24	314.99996	316.78999	131.72093	173.871	94594.02	17590531.01	185.96
2014-02-25	173.2	173.84343	101.62872	135	29886.75	3667985.4	122.73

資料來源：http://bitcoincharts.com。

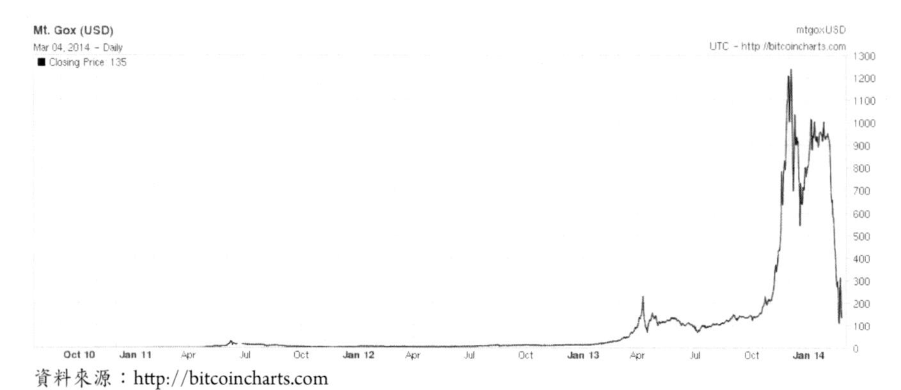

資料來源：http://bitcoincharts.com

圖38-1　Mt. Gox（USD）比特幣每日交易收盤價走勢

資料來源

中央社（2013年12月28日），炒金與炒比特幣雙殺中國大媽。

中央銀行、金融監督管理委員會（2013年12月30日），新聞稿（新聞發布第282號）：比特幣並非貨幣，接受者務請注意風險承擔問題，擷取自中央銀行全球資訊網：http://goo.gl/Tkem04。

高行（2013年12月5日），大陸瘋搶成比特幣全球最大戶，旺報。

劉淑琴（2013年12月5日），葛老：比特幣無內含價值是泡沫，中央社。

實踐大學數位出版合作系列
商業企管類　PI0032

經濟學課程時事議題案例研討

作　　者 / 翁志強
統籌策劃 / 葉立誠
文字編輯 / 王雯珊
封面設計 / 秦禎翊
執行編輯 / 鄭伊庭
圖文排版 / 張慧雯

發 行 人 / 宋政坤
法律顧問 / 毛國樑　律師
出版發行 / 秀威資訊科技股份有限公司
114台北市內湖區瑞光路76巷65號1樓
電話：+886-2-2796-3638　傳真：+886-2-2796-1377
http://www.showwe.com.tw
劃撥帳號 / 19563868　戶名：秀威資訊科技股份有限公司
讀者服務信箱：service@showwe.com.tw
展售門市 / 國家書店（松江門市）
104台北市中山區松江路209號1樓
電話：+886-2-2518-0207　傳真：+886-2-2518-0778
網路訂購 / 秀威網路書店：http://www.bodbooks.com.tw
國家網路書店：http://www.govbooks.com.tw

2014年7月　BOD一版
定價：480元

國家圖書館出版品預行編目

經濟學課程時事議題案例研討 / 翁志強作. -- 一版. -- 臺北市 : 秀威資訊科技, 2014.07

面； 公分. -- (商業企管類 ; PI0032)(實踐大學數位出版合作系列)

BOD版

ISBN 978-986-326-272-5(平裝)

1. 經濟學 2. 貨幣銀行學 3. 個案研究

550 103013187

讀者回函卡

感謝您購買本書，為提升服務品質，請填妥以下資料，將讀者回函卡直接寄回或傳真本公司，收到您的寶貴意見後，我們會收藏記錄及檢討，謝謝！

如您需要了解本公司最新出版書目、購書優惠或企劃活動，歡迎您上網查詢或下載相關資料：http:// www.showwe.com.tw

您購買的書名：______________________________

出生日期：________年________月________日

學歷：□高中（含）以下　□大專　□研究所（含）以上

職業：□製造業　□金融業　□資訊業　□軍警　□傳播業　□自由業

□服務業　□公務員　□教職　□學生　□家管　□其它_____

購書地點：□網路書店　□實體書店　□書展　□郵購　□贈閱　□其他

您從何得知本書的消息？

□網路書店　□實體書店　□網路搜尋　□電子報　□書訊　□雜誌

□傳播媒體　□親友推薦　□網站推薦　□部落格　□其他__________

您對本書的評價：（請填代號　1.非常滿意　2.滿意　3.尚可　4.再改進）

封面設計____　版面編排____　內容____　文／譯筆____　價格____

讀完書後您覺得：

□很有收穫　□有收穫　□收穫不多　□沒收穫

對我們的建議：______________________________

____

____

____

請貼
郵票

11466
台北市內湖區瑞光路 76 巷 65 號 1 樓
秀威資訊科技股份有限公司 收
BOD 數位出版事業部

（請沿線對折寄回，謝謝！）

姓　　名：＿＿＿＿＿＿＿＿　年齡：＿＿＿＿　性別：□女　□男

郵遞區號：□□□□□

地　　址：＿＿＿＿＿＿＿＿＿＿＿＿＿＿＿＿

聯絡電話：(日) ＿＿＿＿＿＿＿＿ (夜) ＿＿＿＿＿＿＿＿

E-mail：＿＿＿＿＿＿＿＿＿＿＿＿＿＿＿＿